上松鸡山——云城散文随笔选

In Memory of Mom and Dad, with Love ……

上松鸡山

——云城散文随笔选

半张 著

Going to the Grouse Grind

Collected Essays

AcerBooks

上松鸡山——云城散文随笔选（红枫散文丛书之一）
作者：半张
摄影配图：半张
出版：Acer Books (acerbookscanada@gmail.com)

书号：978-1-0688485-3-7

红枫散文丛书
策划：黎杨
编辑设计：陶志健

Going to the Grouse Grind (Acer Essays Book 1)
Author: Ban Zhang
Photos: Ban Zhang
Publisher: Acer Books

ISBN: 978-1-0688485-3-7

Acer Essays (Series)
Planner: Li Yang
Editor/Designer: Tao Zhijian

Acer Books Canada, International Humanities Publishers, Montreal, Canada
Email: acerbookscanada@gmail.com

目录

序

认识半张先生是在 2021 年 11 月 25 日沪上举办的线上小型中加双边学术会议“2021 年加拿大大选后的中加关系”上。作为会议主办方之一，我们邀请了六位来自加拿大高校和智库的知名专家和学者，时任温哥华一家投资公司总裁的 Kenny Zhang 名列其中。Kenny 在会议发言中从资本流动的角度阐释了中加关系出现动荡背后的资本逻辑，展现了他的经济学专业背景和头脑，令我印象深刻。差不多一年后，在温哥华“加拿大百人会”的小型聚会上，我终得与 Kenny 面对面问安，并互加了微信。此后，微信名为“半张”的 Kenny 成为我微信朋友圈个人作品量最高的那位朋友。

前几日接到半张先生的邀约，希望我为他即将出版的散文集《上松鸡山》作“序”。为了更好地了解他创作的初心，我们约定在 UBC 大学高尔夫俱乐部喝下午茶。其间，随着聊天的深入，我才知道我们竟是同代人（之前我一直以为 Kenny 是 70 年代生人），这给我写“序”增添了一些底气。

我和半张先生都是在文革中长大，80 年代初在校的大学生，思想开放，崇尚士大夫精神。90 年代初，中国加大了经济改革开放的力度，“黑猫白猫论”成为中国大批内地人才辞职下海的“精神图腾”。但任凭风浪起，我们都选择坚守在“象牙塔”内。千禧年，半张先生远赴加拿大，离开了那个生他、养他、育他的上海。

异国他乡的“文化冲撞”“融合和认同”是每一位移居者必须面对的新问题。在加拿大，虽然“多元文化主义法”承认族裔与文化多样化的合法性并予以保护；承认少数族裔保守其文化的权利；声明多元文化主义是加拿大民族的基本特征和宝贵资源……但在现实社会中，隐性的种族歧视总会在风吹草动时转为显性。在大疫情的这三年里，“仇恨亚裔”事件和思潮曾愈演愈烈，大有重蹈百年前的《排华法案》之势头。这对于已经完全融入加拿大主流社会和文化的半张先生来说，保持沉默不是他的性格选项。二十多年异国他乡的云城工作、生存体悟和三十多年的申城生活和工作历练无疑为他能够以一种“insider”和“outsider”的双重视域观察和分析加中两国社会思潮提供了全方位的背景支持。半张先生清晰且精准提出的“墙里墙外论”解释了“非拔根者”的第一代中国移民在居住国面对“文化融合”和“双重认同”时所必须直面的母国记忆和情感、域外文化和语言挑战等内外“推拉力”，以及来自“WASP”隐性逼迫的事实。但半张先生并未停留在简单的“受害者”思维分析层面上，而是祭出诸多华人先驱在加拿大历史与当下作出的杰出贡献，以及被主流社会所认可的事实，以此诠释华人族裔团体是加拿大国家建设的参与者、推动者和杰出贡献者，从而印证华裔在加拿大获得的“模范国民”称号是当之无愧的。但对华人个体或团体在特定环境和时期的集体沉默或认知错位也是半张先生所关注和抨击的。作者认为：华人要大声说出自己的诉求，做一个负责任的选民，而不是《繁花》中的爷叔和宝总的“不响”（见“爷叔不响，宝总不响，华人不能不响”篇）。

《上松鸡山》是半张先生近三年多来的散文作品集，共三十五篇，分别列入“山上山下”“墙里墙外”“职场内外”和“我与原住民”四个主题中。第一主题单元中的作品收录了作者在云城工作之余的社区探索、户外运动、文化鉴赏以及乡愁下的所思所想，并以细腻的观察力和恰当的想象力，把一个漂洋过海的“赤子”在居住国的文化感悟嵌入笔端，徜徉在文字的长河中。时如小溪潺潺，时如翻江倒海，千转百回，让读者既领略了域外的自然、历史和文化的独特之处，也让读者管窥到异国文化冲撞下新移民在“融入、认同和归化”过程中的各种挑战和复杂的心路历程，其信息量之大，值得新移民和文学乃至人类学爱好者品读。

在第二主题中，作者笔锋转向“高文化”（High Culture）领域，重点记录和探讨了中加两国不同价值观对冲下的认知错位以及中加官方关系“冰冻三尺”背后的“可见”和“不可见”的文化、理念与信仰之“墙”。但如何“不畏浮云遮望眼”？在国际政治和国际关系中，诸多实然研究的案例已经表明，过度的政治正确和自我审查意识不仅损毁了决策者作为政治家、外交家的专业素养和职业道德，也造成了普通民众的集体无意识。当然，如何推倒狭隘的民粹主义思潮之“墙”、弥合中加两国间的理念差异、纠正“信息茧房”下的认知偏差和重建两国间信任，双方唯有坚持更广泛的“开放、包容”，才能超越狭隘、偏执的国家利益观，走向鲜花盛开的彼岸。

半张先生是一位涉猎广泛、勤笔勉思之人。在其散文集中的第三和第四单元——“职场内外”和“我与原住民”，半张先生依托个人的工作体验、生活观察和悲天悯人的情怀，向上向下、向内向外以及平行的五个维度向我们娓娓道来世界上最宜居的“枫叶之国”是怎样的一个年轻、多元并时常经历“成长的烦恼”的中等国家。

从 UBC 大学高尔夫俱乐部出来，我和 Kenny 作别，但思绪还在外延。有些人认识了半辈子却不知道他/她是什么样的人，而有的人，虽没有认识多久，也没有频繁的互动，但他/她的干净文字却让你感觉是老友重逢——总有那么多的共同记忆，那么多的共情和那么多的共识。感谢半张先生给予我在温哥华“以文会友，以友辅仁”的机会。

漫步在 UBC 校园里，一路繁花，仿佛行在画中。倏然，我看见路边有一簇完全不起眼的粉色格桑花正在怒放，枝干纤柔，随风摇曳，煞是好看。在中国西藏，格桑花象征着母亲的爱和吉祥；在加拿大，格桑花则象征着生命力、美丽和自由。半张先生的散文集正像那小小的格桑花，不张扬，羌自独放，但却释放着爱、生命力、美丽和自由。

钱 皓

2024 年 6 月于维真学院

作者自序

从前有座山，山上有座庙，庙里有个老和尚，老和尚在给小和尚讲故事，讲的什么呢？“从前有座山，山上有座庙，庙里有个老和尚……”

这是很多母亲哄孩子入睡时，常常会讲的一个睡前故事，循环往复，周而复始。

母亲生我的地方，靠着海，连名字中也带一个海字，叫“上海”。在上海地界，带山的地名也不少，像宝山、佘山、金山，还有淀山湖和后来的洋山港，而真正地理意义上的山却不多见，即使有，也不高。陆地上最高的山叫天马山，海拔高度不足百米，平常之人，五分钟就能登顶。

而古人偏偏就说，山不在高，有仙则名；水不在深，有龙则灵。

也许，是借托上海这个地名所赋予充满动力的灵气，长大以后，漂洋过海去看世界，跨过太平洋，来到了这样一个地方。

这个地方也有海，隔着太平洋，与上海相望。还有山，且不只是一座，而是山峦绵绵，叫作北岸山脉。连绵的山脉，就像一道天然屏障，挡住了来自北极的寒风。而毗邻太平洋，又得益于北太平洋暖流的眷顾。

正是海洋性气候使然，这里冬天不冷，夏天不热，四季分明，美丽动人。春天，虽然没有故乡的柳絮如烟，但见街坊的樱花斗妍。夏天清爽宜人，没有像蒸小笼包一般闷热难忍。秋天枫叶烂漫，尽显加国本色灿烂。即便是冬天，偶尔一夜的雪，鹅毛满天飘飘，让人又爱又恼。下雨的时候，淅淅沥沥，平添一份乡愁在心里，何日才能回故乡？但是雨后的草地植被，葱葱郁郁，满眼都是新绿，沁人心脾！

难怪，这里一直被世人称为，是最适合人类居住的地方之一。

更令人惊诧的是，大自然母亲，亲手把连绵的北岸山脉之轮廓，雕琢出一尊巨大的卧佛一般。特别在下雪的时候，仿佛是卧佛盖上了洁白的羽绒被，就连头发、眉毛，都染白了。

在亚洲深受佛教影响的人看来，有佛就有保佑，被佛保佑的地方，一定是有福气的。

这个地方还有一个充满诗情、意境的中文名，云城。

这里就是加拿大的温哥华，位于当地原住民马斯琴（Musqueam）、史戈米殊（Squamish）和特斯利-华沃图（Tsleil-Waututh）部落未割让的传统领地。早年淘金而来的华人移民，大多来自广东地区，也许是按粤语发音的缘故，他们把这个地名的英文 Vancouver，译成了云哥华，简称云城或云埠。近年来，又被人称为亚洲之外最亚洲的城市。

说实话，我更喜欢用云城来称呼这个地方，在这本书里也是和温哥华替代着使用。这倒并不是因为云城听起来就更富有诗意，而是因为这里常常云山雾罩，更给北岸山脉平添了一份仙气。

云城向北，隔着英吉利湾和巴拉德内湾，就能看到北岸山脉的南坡，目光所及最高的地方，海拔 1,250 米，俗称云城之巅，这就是松鸡山。

松鸡山名称的由来，也很是传奇。据记载，1886年，温哥华以英国先驱者乔治·温哥华的名字命名，正式设市。八年后，有一批市民，从云城出发，花了三四天时间，徒步艰难地走过雪地，攀越巨石，穿越密林，才最终第一次到达云城之巅。在途中，他们捕获了一只山中常见的蓝色松鸡，非常喜欢这种猎鸟，于是以它命名此山为松鸡山，一直沿用至今。

令人好奇的是，在英国人来到云城之前，当地原住民有没有用其他名字，来称呼此山？这也许要留待以后再考证了，以免时间长了，被慢慢遗忘了。

人是很容易遗忘的，所以我们常说，好了伤疤忘了疼。但是书却不会。人类从绳结记事，到甲骨文、羊皮书，再到现代的纸质书籍、电子书，无不记录了自己的生活经验，传播着自己的认知思想。

所以，我要写这本书。书里写的，就是松鸡山脚下，云城的故事。故事发生的时间，主要聚焦在最近一次，人类共同面临前所未有挑战的时期——全球新冠大暴发。

其实全书就像李宗盛唱的歌——《新写的旧歌》，因为这是收集了本人在这一特定历史时期，陆陆续续创作发表的散文和随笔，记录了当时之所见、所思、所喜、所忧、所爱、所憎，精选了三十五篇，分四个主题展开。

开篇以攀登云城之巅的松鸡山而起。从远远地看山，再站在山顶上看海、看城、看人间，我试图展示山上山下的魅力，城里城外的美丽。然后直奔主题，描述云城这个移民城市迷人、醉人、吸引人的方方面面，前前后后。

然而，金无足赤，人无完人。一个城市，一个国家也是如此。走出国门以后，猛然发现，自己尴尬地身处两堵墙之间，一堵墙是西方对中国的偏见，另一堵墙是中国对西方的偏见。特别是在疫情开始后，各种社会矛盾、文化冲突、政策困惑、职场磨难、正义缺失，给生活在云城和加拿大的华人社区，带来了前所未有的困惑、挑战和冲击。

面对墙里墙外的偏见，冲突，困惑和磨难，很多身处两堵墙之间的人会无奈地发问，我们该怎么办？

这世界确实让人无所适从，还好读书让我们学会了改变。我们是选择“未行之路”，奔向诗与远方？还是穿老鞋，走新路？杨绛说得好，“走好选择的路，别选择好走的路。”

如果历史是一面镜子的话，加拿大原住民所遭受的历史磨难，时刻提醒着生活在这片原住民传统土地上的每一个人——必须保持包容，尊重和谅解，才能保护和维护这片土地的魅力和美丽。只有这样，历史才能不光是一面镜子，更是一块块永远淘不完的金子。

保持包容，“明天也许会更美好”，明天一定会更好。

这也许就是老和尚给小和尚讲故事的最好结局。

半　张

2024 年 6 月于云城

第一章

山上山下

山的魅力是从两个方位感受到的：一是从平原上远远地看山，再就是站在山顶上。

——刘慈欣

再登松鸡山

说起松鸡山，不禁让人想起多年前，曾经风靡一时，某著名电视剧的片头语，借用过来就是，如果你爱一个人，送 Ta 去松鸡山，因为那里是天堂；如果你恨一个人，送 Ta 去松鸡山，因为那里是地狱。

松鸡山，海拔 1,250 米，乃云城之巅。位于北温哥华区的北岸山脉，属于当地原住民马斯琴、史戈米殊和特斯利-华沃图部族未割让的传统领地。如果狮门跨海大桥不堵车的话，距离温哥华市中心仅仅 15 分钟车程。

松鸡山不仅是云城之巅，其所处的北岸山脉还是温哥华的地标指北针。万一有人在温哥华大街上迷路，一时找不着北的时候，只要看到北岸山脉，那就是正北的方向。

凡是攀登过松鸡山的，对那个登山的经历都会有自己的心得，究竟是天堂，还是地狱，每个人肯定各有评说。就我而言，登松鸡山既不是去天堂，也不是下地狱，而是上了一条磨人小径。

称之为磨人小径，真的是名副其实。

从松鸡山脚下，有一条徒步登山小道，顺着山势，穿越树林，蜿蜒向上，弯弯曲曲，直达山巅。这就是著名，也是深受当地人喜爱的松鸡山磨人小径（Grouse Grind Trail）。英文 Grind 一词，就是研磨、摩擦、磨碎的意思，用这样的词汇来命名一条登山小径，一定是有原因的。

确实，攀登松鸡山，不仅磨人腿脚，还劳其筋骨，更苦其心志。

登山肯定是免不了要磨脚的。松鸡山登山之道，全长仅 2.9 公里，但海拔垂直落差 853 米，相当于 304 层楼高。目前温哥华最高的摩天大楼，香格里拉酒店是 201 米，共有 62 层。登一次松鸡山，就相当于攀爬将四又四分之一个香格里拉酒店叠起来的高度。

松鸡山上本没有路，走的人多了，便成了路。沿路而上，地上只有裸露的树根，盘根错节，各种姿态的山岩，叠峦起伏，大大小小的碎石，混杂在山石和泥泞之间。走在这样的山路上，要是没有一副铁脚板，或者没有一双合适的登山鞋，那真是不知道自己的脚丫子会被研磨成什么样子了。

也许是海拔落差太大，山坡太陡不安全，护林人陆陆续续沿着山路，修建了一些木头台阶和护栏，便于登山之人上行和安全。这一修，居然修出了全程 2,830 个阶梯，被人亲切地称为“大自然的楼梯大师”，令众多户外活动好事者乐此不疲。每年居然有十五万人来此登山。

如果只是磨人腿脚，那还不能算是真正的磨人之路。

因陡峭的山体坡度和超常的海拔落差，虽然仅仅是 2.9 公里的路程，但绝对是一次燃烧浑身脂肪，考验人心脏的艰难旅程。普通游人大约九十分钟可以登顶，但每个登山人的体能不一，上山的速度自然也有差异。

上山途中，不时会遇到脸色煞白，头上冒着豆大汗珠的爬友，或站或坐，在路边喘气。当有人看似轻松地超越他们的时候，马上会充满期待地问道，离山顶还有多远？

其实他们心里肯定在盘算着，在犹豫着，在纠结着，在坚持着，是继续往上爬，不到山顶非好汉？还是就此打住回头往下走，好汉不吃眼前亏？

松鸡山磨人小径是上山单行道。小径宽仅容两个人交会而过。有不少路段，一边是高坡，另一侧就是悬崖，容不得半点闪失。体力好、速度快的登山者，在超越前人的时候，都会提醒对方，“on your left”，然后从左边超越上行。为了安全，管理方规定登山者只能上，不能下，但中途折返者不算。其实知难而退，哪怕是见好就收，何尝不是一种坦然、淡定、豁达的心态？

登此山还真是劳其筋骨，苦其心志。而能够坚持到底、成功登顶的，自然是苦尽甘来，幸福感满满。

登山者沿途就仿佛与大自然捉了一回迷藏。松鸡山上不仅有松鸡，还有松树和松鼠。如今，看见松鸡的机会不多，但黄雪松、山铁杉、滨松和红桤木是山上常见的树木。有高耸参天，也有小枝新发。有些长得挺拔雄伟如武士，有的则是婀娜多姿像女士，还有的突兀倒地似义士，或者是埋没在夹缝里腐朽，慢慢变成了历史。

小松鼠常常会突然从树丛中窜出，一点也不怕生人，自顾自地觅食嬉耍。小松鼠毛茸茸的，形态可爱，特别是高高翘起尾巴时，活像一个骄傲的小公主。它们毛色各异，常见的有黑色，灰色，棕色，还有些是长着混色皮毛。有科学家说，那可能是与第三者有关。

听说山里还有熊出没。也许是登山的人太多，熊宝宝们都躲起来了。

登上云城之巅，就像站在了巨人的肩膀。站在松鸡山顶极目眺望，云城凹凸有致的天际线、史丹利公园和布拉德内湾，一览无遗，尽收眼底。城市的星光点点，公园的绿荫葱葱，大海的碧波粼粼，如此令人瞠目结舌的雄伟自然景色，难怪成为温哥华最受欢迎的打卡点，吸引无数人士慕名前往，每年有超过一百三十万游客来访松鸡山。

除了徒步登山的，更多的是坐缆车上山。这条设计载客四十五人的缆车，从 1966 年圣诞节前夕开放投入使用至今。从山脚下，登上缆车，只要八分钟，就可以到达山顶。随着缆车启动，沿着满是树林的山坡缓缓地攀升，车厢外的景色渐渐地抬升延伸，就像变焦镜头，由近及远。先是只能看到树身，很快就超越了树梢，然后视线慢慢地向大地，向大海，继而向天际伸展，越望越远……

松鸡山顶上有一年四季都适合人们户外活动的地方。有激动人心的户外探险，各种夏季伐木比赛，最棒的是冬天雪上运动场地，还有美味丰富的各式餐饮选择，令人流连忘返。山上还有老少皆宜的野生动物保护区，那里真的有两头豢养的大灰熊，其中一头叫 Grinder，意译就是磨径攀登者，很应景，另一头叫 Coola，酷拉，很好听的名字。

更诱人的，登顶者居然还可以名留青史。

松鸡山的名称，就是由第一批有记载成功到达顶峰的徒步旅行者命名。据记载，1894 年 10 月，第一批到达顶峰的徒步旅行者从云城出发的。在那个年代登上松鸡山需要花上三四天，因而称得上是伟大的旅程——因为那时还没有跨越布拉德海湾的桥梁，也没有路到达山脚下。旅行者们需要艰难地走过雪地，攀越巨石，穿越密林，才能到达云城之巅。在途中他们捕获了一只山中常见的蓝色松鸡，非常喜欢这种山鸟，于是以它命名此山为松鸡山。

如今，初次来爬松鸡山的，很多是慕名而来。而对登山流连忘返，爬了又来，登了又登，那一定是尝到了苦尽甘来的个中滋味。

记得刚来云城的时候，与友人相约，慕名来登松鸡山。因为两家都带着尚未成年的孩子，所以准备了干粮、饮料，还带了一只西瓜，一副去郊外野餐的样子。爬着爬着，就觉得不对劲，看着别人只带着一瓶水，轻松登山的样子，我们明显是过度装备了。

半途上，不得不频频停下喘气。西瓜太重，中途就众人分了吃完减负。但是西瓜皮不能乱扔，只得揣着西瓜皮，硬着头皮咬着牙，继续往山顶爬去。这一次，整整花了 2 小时 45 分钟才到达山顶。

也许是第一次登山给累着了、给吓倒了，从此之后，好多年没敢再提登松鸡山的事。

多年之后，实在是被云城的宜人夏天所诱惑，忽然又想起再登松鸡山。这次是吸取了教训，夫妇俩都换上合适的登山鞋，带上登山杖，只带水，不带别的，连孩子也不带，轻装上阵。果然，只用了第一次登山一半的时间就顺利登顶。

谁知，也许是内啡肽的作用，也许是对山顶美景着迷，从此尽然一发不可收，每个周末都要去再登一次松鸡山，这竟成了夏天周末的常规动作。那年夏天，一共九次登顶松鸡山。

第二年夏天，这个纪录就被刷新，十三次登顶成功。

登山次数多了，碰到的各式各样登山者也多了起来。同道的有年轻人，也有退休长者和年幼小孩。有不同肤色，操各种语言、方言的。有些是匆匆的独行者，也有些是全家同行，或朋友结伴前往。有人健步如飞，官方记录最快的是一位女士，只用 22 分钟 35 秒就顺利登顶。有人则是爬山成瘾，单人累计 1,872 次登顶，一年中最多登顶的记录有 46 次。

有位认识不久的华商朋友，似乎也是登山爱好者，居然在一个季节中，两次在松鸡山磨道上狭路相逢，也算是一种特别的缘分吧。

最特殊的登山者，一定非当地急救队队员莫属。因为磨人小径实在太磨人，时常有人崴脚不能动弹，或体力不支无法前行。每当腿脚不听使唤的时候，这就不得不求救于担架队帮助。好几次，看见五大三粗的急救队员，五六人一组，抬着担架，把受伤的登山者，沿着狭窄的山路护送前行。在急转弯处，只见全组队员们齐心协力，慢慢腾挪，像护着婴儿车那样，小心翼翼地把担架转过弯去。

真不知为什么有这么多人，对攀登松鸡山如此流连忘返，愿意日复一日前往，年复一年再登？难道他们都知道天降大任于斯人乎？

再后来，新冠疫情暴发，松鸡山也就可望而不可即。

期待疫情早日过去，云开雾散登山去。

（发表于《私享会》2022 年 5 月；转载于《华文月刊》2022 年 10月，本文有修订）

登山者，前赴后继

最爱是雪，最恼也是雪

牛年初二，温哥华的朋友圈被 Ta 刷屏了——下雪了。

下雪在温哥华是件稀罕事，这里冬天下雨多，下雪少。云城的小伙伴们苦苦等了一年，没有盼到白色的圣诞，却终于看到下得像模像样的一场春雪。

为春雪刷屏的朋友，肯定是爱，其实也有恼。

雪景美。就像歌里唱的，“北国风光，千里冰封，万里雪飘”，这给看惯了云城青山绿水、风平浪静的小伙伴们，带来别样的视觉冲击，谁不爱美？

美的不仅仅是景，更是情。

白雪皑皑，银装素裹，像是给这个混沌、彷徨、冰冷的世界，轻轻地盖上了一床洁净、安然、暖心的棉被，哪怕只是使云城人民片刻忘却，这似乎没有尽头的新冠现实，也可令人欣慰少许。煮酒论天下，谁不买醉？

命由情定。

爱动的温哥华人，肯定不会错过北岸山脉的绿道、蓝道和黑道。即使不会滑雪、滑板，也一定会戴上特制雪鞋和自制雪具，在雪山森林里遛狗、遛弯、遛孩子，难得放飞一下自己。

也有像我这样爱静的，正好对着窗外洁白的雪景，倒上一杯玫瑰色的赤霞珠，呡上一口，码字的热情，就像三伏天的温度计，嗖嗖地往上蹿。大过年的，窗外的树枝就像银蛇飞舞，屋内的油管里却播放着“金蛇狂舞”，倒也是应景得很。

最美的就是愿景。

“瑞雪兆丰年”，是华夏子弟发自内心对雪的期待和赞叹，更是寄托了人们美好的愿望。其实，云城人的愿望很朴实，无外乎就是风调雨顺、国泰民安、族裔和谐、平等发展。

但是，下雪天的烦恼也不少。

扫雪恐惧症，恐怕是很多云城朋友的通病。根据市政府的规定，下雪天就不得不自扫门前雪。不管是屋主还是租客，都必须在每天上午十点钟之前，把门前屋后人行道、停车道上的积雪清扫干净。

扫雪可是个力气活，更是个技术活。除了要用力气之外，还得懂得用合适的工具使巧劲，最重要的是注意头部、手部保暖。很多新移民朋友，扫完雪，腰酸背痛手臂胀，三五天才得以恢复。有位住在素里豪宅的好友，因为近几年下雪天在自家门前扫雪铲雪，竟然落下了腰椎病。每次发作，都得卧床好几天才能慢慢恢复，看见下雪天就发怵。

下雪天，云城的城市交通也是太那个什么的了。私家车换雪胎的尚不算普及，而且好多还是后轮驱动的运动版豪车，那在雪地开车，只有一个字来形容——“乱”。麻烦更大的是很多云城人没有本地经验——雪地驾驶，这就不得不再加上一个字来注解——“险”。

经营多年的公共交通其实也好不到哪里去。天车轻轨因下雪天低温结冰停摆是常事，巴士电车因为雪地路滑动弹不得而大排长龙，更是屡见不鲜。

此时，市政府扫雪撒盐车，肯定就是下雪天的“钢铁侠”——前面铲雪、后面撒盐，绝对是左右开弓，效率倍增。如果扫雪车来晚了，真的是恨不得指着市政府的鼻子，骂上一段三字经。

其实，真的跟在扫雪撒盐车后面，看着它一路飞洒而下细碎的防冻盐，感觉就像是洒下满地的碎银子，这可是市民缴纳的税收啊。这样满街撒银子，明年市政府做预算时，看到地税又涨，肯定是又少不得指着市政府的鼻子念三字经。

而冬天不下雪，同样会使人烦恼。记得2010年温哥华举办冬奥会，那年暖冬，温哥华是粒雪无收。官方不得不紧急动用三十五台造雪机在惠斯勒山顶人工造雪，三百辆卡车和好几架直升机也夜以继日地去别处运雪。

在国内的时候，见过“南水北调”，后来也听说过“西气东输”，在云城，看到这“他雪我运”的场景，也算是大开眼界。

科学家说，冰、雪和水的化学成分都一样，只是物理形态不同，说明温度很重要。所以，不管你看到的雪是爱还是恼，有温度就好。

（原文发表在《高度周刊》2021年2月，本文有修订）

新绿

一走进陆阿姨家，满眼尽是绿色，令人耳目一新。

陆阿姨姓陆。在沪语里，陆和绿正巧同音。所以，上海人叫陆阿姨，听起来就像是“绿阿姨”。

陆阿姨不光姓“绿”，还特别喜欢绿，家里也栽满了各式各样的绿色。

正对大门的客厅一角，倚墙站立着一个纯白色梯形花架，一盆盆大大小小的绿萝，沿着花架依次排列而上，仿佛变形金刚一般，居然组合成了一棵绿萝迎宾松。

绿萝的叶子油油碧绿，叶面鲜嫩欲滴，微微圈起，就像幼童的小手掌，合成的一颗颗小小爱心。最大的一株，落地摆放，长满绿叶的枝藤，攀着花架已经长得一人来高，充满生机。

绿萝生命力旺盛，属于那种给点水和阳光就灿然的植物，常被人称为“生命之花”。而陆阿姨对绿萝情有独钟，却另有缘由。

那年本命年，陆阿姨不知从哪里看到，绿萝是她的“幸运树”，可以防小人，避邪气。于是，特意从一家华人经营的苗圃，挑选了一盆幼嫩的绿萝回家，放在风水位，细心地培育养护。浇水的水温得和室温一致，陆阿姨要用手指试过才行。浇水多了不行，少了也不行，陆阿姨得用量杯量过才行。每次浇完水，还得在日历上做记号，掐指排出下次浇水的日期。

绿萝的生命力着实旺盛，一盆小小的绿萝，几年之后，已经长大，然后分枝移植，水培土培，最终，原来防小人的幸运树，却长成了一棵迎宾松。

迎宾松果然迎来了朋友。每次亲朋好友来访，看到这生机勃勃，碧绿鲜嫩的绿萝就爱不释手，纷纷向陆阿姨讨要一盆带回家种养。

客厅的另一角，也摆放着两棵绿色盆栽。一棵是万年青，已有六七岁孩子那样高了。最初从友人家领养回来，陆阿姨同样已经照料了十多年了。另一棵也是万年青，不到前一棵一半高，是从那棵大的根部，分枝移植而成。若按移植次数算辈分的话，应该是曾孙辈了。这爷孙俩，一高一矮，把客厅的一角也站成了绿意盎然。

除了客厅，厨房岛台的一角，也被陆阿姨摆成了小树林的模样。而组成这片绿的，居然是用牛油果核培育而成。

一个牛油果，剥皮取肉之后，圆圆的核通常是被人丢弃的。殊不知，经过水培，它可以发芽、生根、出苗、长叶。每棵长大后的牛油果苗，枝干高高挺立，顶端长出三四片叶子，煞是翠绿可爱。单棵看着有点单调，但是，十几棵高低摆放在一起，形成一片翠绿，倒也别有情趣。

因为是水培，透过不同形状和颜色的玻璃瓶，可以观察它根部的生长。这样既可看叶，还可看根，就像亲眼见证一个个生命的顽强不屈和生生不息。

生生不息的还有橘子核，柠檬核和芒果核，在陆阿姨的细心照料下，它们居然都长成了一个个绿色小盆景，在书房，在客厅，在阳台，纷纷找到自己的位置。

最上书房台面的，要数文竹了。它“细长的身躯、柔软的枝条和精巧的花朵，呈现出生机、活力和美丽色彩，展示了生命的柔韧和圆融之美。”这是梁实秋的素描。

确实，文竹四季常绿，所以有人说它象征着永恒。文竹身姿潇洒，所以又有人欣赏它清新高雅。文竹似竹非竹，所以还有人赞美它虚怀若谷。而在陆阿姨的手中，这盆文竹，从苗圃带回家时只有四英寸高，如今已长高到超过八英寸，细叶嫩枝也更茂密。龙年来临之际，只见它又发一新枝，如同鹤立鸡群一般，一下长到了十六英寸高。这显然就是要来一个竹报平安节节高。

其实，生活中如果只有绿色，没有各种花开花落的颜色，那也是很单调乏味的。陆阿姨家的盆栽，也有一些开花的品种，昙花、兰花、君子兰、蟹爪兰。花期不一，花色各异，即使在开花时，绿色依然保持着默默陪衬的本色，烘托出盛开鲜花的靓丽和芬芳，正可谓好花还得绿叶配。

陆阿姨家的绿不仅能上书桌，还能上餐桌。沪上人家的正餐，绿叶菜是不可缺失的一道风景线，什么菠菜、青菜、鸡毛菜，还有苋菜、茼蒿、空心菜，肯定是要翻花头，轮流登场。而草头，马兰头更是陆阿姨一家的心心念。

一百年前，朱自清写过名文《绿》，描写了梅雨潭各种令人如痴如醉的绿，那应该算是一种大自然中的生命之绿吧。

而龙年，陆阿姨家的满室青绿，更像是人世间，充满烟火气的生活之绿，不仅能看，能摸，还能吃，不妨就称它为新绿吧——龙年的新绿。

（原文发表在《新民晚报·夜光杯》2024 年 3 月，本文有修订）

小芬兰村的故事

说起大温地区的唐人街、小意大利、小印度、韩国城，华人朋友可能都已耳熟能详。而对于小芬兰村，特别是她背后故事的，熟悉的人可能不多。

那么，就请随我一起走进小芬兰村的故事吧。

发现小芬兰村

发现小芬兰村纯属偶然。这是一个很小，很偏，很容易被人忽略的渔村。疫情期间，实在闲着无聊，骑车乱逛，偶然路过，被这凝聚着历史痕迹，散发着艺术气息的地方所吸引，这才发现这么一个几乎被人遗忘的角落，就像陶渊明猛然发现了桃花源一样。

它的英文名字为 Village of Finn Slough，如果直接翻译的话，应该是叫芬兰沼泽之村，而我更喜欢用“小芬兰村”来称呼这个地方。

借助谷歌地图，可以发现，小渔村位于加拿大卑诗省列治文市 4 号路的最南端，与卑诗省最长的菲莎河交汇处。顺着菲莎河，有一条小水沟，潮涨时成河，潮落时是湿地沼泽。

水沟上唯一一座约四十米长，两米宽，没有扶手护栏的简易小木桥，连接了两岸。北岸是列治文市的河堤大道，南岸则是一个长约一公里、宽不过百米长满小树林和灌木丛的惠特沃斯岛（Whitworth Island），也称为吉尔穆尔岛（Gilmour Island）。又因小岛的形状像一个长形的西餐盘，它又有一个别名，叫作餐盘岛（Dinner Plate Island）。

沿着沼泽两岸狭长的 0.1 平方公里区域内，大约建有二十多个大大小小的木屋，有些建在木桩之上，有些则是浮动的船屋，有些已经严重腐烂，还有些已经倒塌。就是在这些隐映在茂密的小树林和灌木丛中的木屋里，至今仍然居住着大约三十多个居民。

其实，最早发现这个地方，并在此创立这个渔村社区的，是一百多年前的芬兰移民，小芬兰村也因此而成名。

早期芬兰移民逐水而居

据小芬兰村的居民、历史学家和艺术家的戴维记载，[1] 早在 19 世纪 80 年代，一批来自芬兰的移民，为了躲避当时俄罗斯帝国对芬兰大公国（1809-1919 年）的统治压迫，还有就是逃避当时芬兰国内经济萧条造成的贫困，漂洋过海，来到列治文南部地区，在现今的 4 号路和芬兰路交汇的区域，购买了一些农地而定居下来。

而那时，早期的华人移民正在不分昼夜地修建加拿大太平洋铁路，并已经进入到最后完工阶段。

为积攒可以购买一块安身立命的土地所需的资金，这些早期的芬兰移民，一面在煤矿打工，或做伐木工人，一面开始清理农地，种植农作物。但其中有些人真正的梦想是当渔民，在菲莎河上捕鱼捉蟹。当时的菲莎河里，有令人难以置信，几乎捞之不尽的鱼群，随着潮起潮落，逆流而上。

---

[1] *A SMALL HISTORY OF FINN SLOUGH*

把小芬兰村，当时叫蒂芬沼泽，作为这样一个理想的安全港是一个非常合乎逻辑的选择。它既尽可能地靠近他们购买的农地，并且又有足够的空间创建一个真正的芬兰渔民社区。

其中有一位先驱者，叫迈克·雅各布森，建了两间浮动的船屋，之后又陆续扩大面积来安置不断成长的家庭。消息传开以后，家乡的堂兄，叔叔，同父异母的兄弟，甚至祖父，纷纷从芬兰来到这个充满希望的新兴国家——加拿大。

到 1910 年，小芬兰村形成了一个稳定的渔民群体，他们大多由姻亲关系和有斯堪的纳维亚血缘的人组成。他们建造了浮动的船屋居住。如果是单身汉，渔网棚或渔船往往就成了他们栖身之处。

当时所有捕鱼过程都是靠体力完成的。渔民们将船划到渔场，撒下渔网。等到收网时用手将满载的渔网，用力拉回船上收鱼。一位芬兰老人谈到，拉网一天后，十个手指都弯曲着的，需要很长时间才能恢复伸直。所以，桑拿房是当时最早，也是最重要的建筑物之一。对芬兰人来说，“桑拿就是一种宗教”。经过一天的捕鱼劳作，渔民们可以在热气腾腾的桑拿浴室里清洁自己，同时去除疲倦，恢复体力，美哉乐哉。

20 世纪 20 年代初，渔民已经开始使用汽油发动机作为渔船的动力，这大大减轻了劳动强度，提高了捕鱼的产量。这种发动机运作时发出的独特的“啵砣啵砣”的声音，响彻菲莎河上下。 捕获的三文鱼或其他大大小小不知名的鱼，就被送到下游五六公里之外的史提文斯顿渔人码头，供应当地市场，或者卖给那里的鱼类罐头厂。

到了周末，小芬兰村的人儿会打扮得漂漂亮亮，分乘几条渔船到下游的史提文斯顿或对岸的Ladner，甚至到上游的New Westminster，就像华人赶集一样，逛街采购几周的生活、生产物资。如果天气好的话，他们有时会在菲莎河中某个小岛上停留野餐，充分享受辛苦劳作以后的一份休闲。

然而，作为一个渔夫的生活从来都不是一件容易的事。当时的渔民往往都英年早逝，乔治享年三十九岁，约翰享年五十岁，只有卡洛才安度到老年。

到20世纪30年代，小芬兰村也成为当地渔民社区中的佼佼者之一，有四十多条渔船停泊在泥沼中，这也是这个小渔村最繁忙十年的开始。

“荣誉芬兰人”的“和谐之村”

渐渐地，小渔村不再孤独。

小芬兰村也有越来越多的“局外人”加入。这些人不会说芬兰语，但与小芬兰村的第二代和第三代定居者一起捕鱼劳作。一些小男孩会先学会在父母的船上捕鱼，到十五岁时便另立门户，拥有自己的船，独立门户下河捕鱼。

在20世纪40年代，小芬兰村已发展到七十户人家。

不久，当地的经济结构发生了很大的变化，伐木业逐渐兴起并取代了捕鱼业，成为这一地区的主要产业。现在，就连伐木行业也已被其他新兴产业所取代，留给我们的，只剩下对历史的记忆和回忆。

在小芬兰村的北岸，有一个小木屋的窗楣上钉了一块木匾，上写“和谐之村”（Town of Harmony）。屋主是一位中年妇女。我想，她钉上这款匾额，想表达的可能是小芬兰村三维空间的和谐：自然之和谐，人性之和谐，社区之和谐。

这里的木屋、木船、木桥和木梯，都是最原生态的，取自自然，还原自然。

村民最初是用木头和沼气生火取暖，取菲莎河水作为生活用水。在20世纪30年代，村里接通了市政用水。到40年代，村民用上了电力。现在，Wi-Fi、卫星通信都已陆续落户小渔村。

在迎接现代文明的同时，村民们尽可能保持着对环境可持续的生活方式。各种用过的物品进行了分类回收和循环使用，使用堆肥厕所，洗涤肥皂用品都是可降解产品。这些精心构建社区并自我调节，使社区与环境和谐共处，尽可能降低人对环境的影响。

虽然村民中很多是后来搬过来居住的，既非芬兰后裔，也不是渔民。很多是被小芬兰村独特的自然环境和宁静的生活方式所吸引而来，其中不乏艺术家，自由职业者，工匠等不同职业的人士，大家和睦相处。

几乎每个村民对渔村的过去都如数家珍。在村口路边停着的一辆老旧的褐色面包车后窗上，贴着一张“荣誉芬兰人”的贴纸。看来，大家都以小芬兰村的村民身份而自豪。

小渔村的另一个和谐就是社区管理的和谐。因为历史和地理的原因，小芬兰村的地界归属一直到2000年才得以明确。全村的土地其实归国家所有，却没有一份正式的土地租赁协议，所以村民从来没有收到正式的地税单。但是村民还是每年以向列治文市政府捐款的形式，来代替交纳地税。

由此可见，小渔村的发展没有财产边界，城市条例、省级法规或任何理事机构的组织都鞭长莫及。但是，小芬兰村依然延续了一百多年的传承，演绎着一个独一无二自我管理的社区发展示例：自我、自律、自强。

从这个意义上说，小芬兰村不仅仅是历史文物，还是寻求解决在菲莎河流域不断的城市化进程中，具有创造性解决方案的示例。

就在日本二战投降 75 周年纪念日这个时节，这位女屋主在小木屋门口花丛中展示，用英文和法文分别印制“愿世界和平”的横匾，格外醒目。

开发商眼中的“钉子户”

平静的渔村生活延续了一个多世纪。直到 1993 年，一位来自安省的地产开发商史蒂文·史密斯突然出现，出示的文件显示，他已经购买了惠特沃斯岛上的地产，声称要向列治文市政府提交开发计划，在小芬兰村的位置开发现代公寓楼和建造游艇码头。

这对小芬兰村的居民来说就像晴空霹雳。一个经历了百年风雨，由看上去摇摇欲坠的旧建筑物和破渔船组成的独特社区，突然面临着灰飞烟灭的命运。不光是带有历史记忆的建筑面临着被摧毁的危险，而且所有居民也将面临被逐他乡的窘境。

村民们选择了抗争。为了筹集资金，聘请律师对抗开发商的驱逐令，小芬兰村专门成立了芬斯劳遗产与湿地协会。

很快，他们得到了公众和舆论的广泛支持。小芬兰村吸引了大批摄影师、画家、历史学家、周末开车兜风的司机和媒体的关注，来访者纷至沓来，被这个与以往百年历史的联系感和眼前展现的历史景象而着迷。

有人说，小渔村就像一个安宁的世外桃源，隐藏在农田的尽头，与世隔绝。也许是对桑拿慕名而来，天鹅也会乘天气好的时候，来小芬兰村洗个澡。虽然距离现代高速公路和大型超级购物中心只有一里之遥，但它给人的感觉却像是穿越了时空，成为遥远过去的一个背影。

尽管得到了民众和舆论的支持，但村民与开发商的法律争斗仍在继续。惠特沃思岛上的每个人都在顽强地坚守。

2000 年，岛上居民参加了一个列治文市政府的会议。这个会议至关重要的，专门讨论解决土地所有权和使用权的问题。由此，岛上土地的管辖权限得到了明确。

根据当时媒体的报道解释，联邦政府通过温哥华港务局，控制着菲莎河（及其河口和泥沼）高低水位线之间的土地。浅滩部分的土地则归省政府控制并拥有。这意味着小芬兰村是建在国有土地之上。

另外，惠特沃斯岛位于省政府的百分之五农业储备用地区域内，不允许用于开发公寓和建游艇码头。同时，该岛也属于列治文市环境敏感区计划范围之中，禁止可能导致栖息地丧失，鱼类和野生动植物遭受破坏的项目开发。

开发商史蒂文最终无奈放弃了开发计划，默默地回到了安大略。[2]

村民们也重新回到了以前平静的生活方式，继续向列治文市政府缴纳水费和垃圾收集费，同时每年以年度捐赠的形式来代替交纳地税。

---

[2] Finn Slough residents fight to keep homes that were never theirs - Teresa Murphy

拯救伊娃

伊娃（EVA）是一条木制的日式渔船，1937年由位于史蒂夫斯顿渔人码头日裔社区的铃木兄弟船厂建造。船身是用红柏、黄柏、花旗松和橡木等上好木料精心打造而成。她的动力系统采用最原始的双缸汽油发动机，最初安装的是重达400磅的8—12匹马力发动机，在20世纪40年代，它改装成了10—18匹马力的型号，但发动机的重量也增加了一倍。该引擎至今仍可使用，渔船也仍然可以航行。

伊娃最初由小芬兰村的居民亨利·雅各布森拥有。到60年代，亨利的侄子小雅各布森继承并继续使用。一直到1993年，伊娃始终以#23653号许可证进行着商业捕鱼。

在90年代后期，有一位叫梅森，技术高超的模型制造者和造船商，用自己建造的逼真精美实体比例模型进行交换，从而成了伊娃新的守护者。

当初，伊娃设计配备的是流刺网捕鱼设备，捕鱼效率高，但现在看来，这属于生态破坏性之捕鱼方法。到90年代，加西海岸的捕鱼法规也发生了变化，禁止使用流刺网捕鱼作业。作为专业捕鱼船的伊娃，经过近半个世纪的风里来雨里去，也顺利完成了历史使命。

但是，闲置的木船会很快腐烂损坏。而伊娃就像这小渔村的象征，也体现了渔村的代际传承，更是渔村的魂，这也就是为什么小芬兰村居民们想要保存伊娃的原因。芬斯劳遗产与湿地协会为此专门发起了向社会公众筹集捐款，用以维修保养之用。

这位美丽的菲莎河老妇人需要大家的帮助才能生存，并继续在这个历史悠久的列治文的古迹中成为摄影师、画家和历史学家的灵感来源。无数以伊娃为模特的摄影、画作，被制作成明信片，在当地的旅游纪念品商店里时有所见。

现在，伊娃的后人们，依然精心地守护着她。即使已是 83 岁高龄，她依然能够出港航行。她那原始的双缸汽油发动机发出的“突、突、突、突”的引擎声，就像一段独特的古典音乐，旋律中充满了过去的浑厚和历史的沧桑。

油管上有一段伊娃出航时的画面，非常值得大家回味。[3]

新冠疫情冲击渔村

日历翻到了 2020 年，小芬兰村就和世界地球村一样，经历了前所未有的冲击。

村口唯一跨越沼泽的木桥入口处，醒目地张贴着多个告示牌——“新冠疫情，游人止步”；“疫情期间，非请莫入……”

最刺目，也是最令人惋惜扼腕的，是关于一年一度的小芬兰村艺术展因新冠疫情而被迫取消的通知。

从 2000 年开始，小芬兰村艺术展每年的春夏时节举行一次，村里的艺术家和来自各地的同行和爱好者，汇聚列治文，老友新朋，谈古论今，切磋交流。有的展示各自的艺术作品，从摄影、画作、到文学作品，还有的现场即兴创作、讲演。有时候，伊娃会装扮一新，亲自现场亮相与观众交流。

2020 年本来正好是第 20 届小芬兰村艺术节。原本计划

---

[3] EVA - Finn Slough Bridge to Gilmour Island

从 4 月 16 日到 19 日，连续三天半时间，在列治文文化中心隆重举办今年的艺术节。突然 3 月中旬，新冠肺炎开始在卑诗省暴发，省政府也宣布从 3 月 17 日开始全省进入公共卫生紧急状态，人们正常的活动不得不陷于停顿。

艺术节主办方芬斯劳遗产与湿地协会，不得不在村口的告示牌张贴通知："鉴于为保持社交距离以确保公众免受新冠病毒的伤害，今年原定 2020 年 4 月举办的第 20 届年度小芬兰村艺术被遗憾地取消了。"

艺术节的暂时停摆确实遗憾，但这不仅是保护了公众健康，特别也是保护了艺术家们，因为他（她）们很多是老年人，也有残疾人。

在这困难时期，真心希望这些艺术家和所有关心小芬兰村艺术节的人，保持健康、振奋精神。下届艺术节再见！

一张带有汉字的照片

在小芬兰村的网站上有很多有关小芬兰村的摄影照片和录像作品。其中有一张带有汉字的照片一下子吸住了我的眼球。

照片中，一个小木屋，门敞开着。在屋内的门口处，站着一个两、三岁，穿着红衣服的金发小孩，照片上看不清是男孩还是女孩。孩子的父母可能担心小孩跑出门外不安全，在门口钉了两块小木板，把孩子围在屋内。红衣小孩双手扶着木板，头刚刚可以探过，朝外看着。屋外暖暖的阳光正面照在小孩的脸上，阳光下，红衣小孩开心地笑着，像向日葵一样。

小木屋的外墙油漆斑驳，露出里面木头原来的模样，明显屋主已经很久没有给外墙上油漆了。墙面中间，非常醒目显眼的位置，贴着一张大红色的单副春联，另一副不知是否因为时间久了已经脱落，或者原本就没有另一副。春联的大红颜色与小孩穿的红衣服交相辉映，成为照片中的两个亮点。

春联正中间用蓝色写着“保命水药”四个汉字，上方有纯正人参字样，但下面却依稀可见日文假名的字样。显然，这肯定不是中文的春联，很有可能是当时渔人码头日裔社区药店的一个广告画帖。而屋主把它贴在墙上作为平安符，抑或纯粹作为装饰点缀。

负责小芬兰村网站的戴维告诉我， 这张照片摄于 1989 年的小芬兰村，照片里的画帖是红衣小孩的父母贴上去的。后来屋主搬走了，把那幅画帖一起带走了。戴维特意提到，屋主不懂中文汉字，而且历史上小芬兰村的渔民和日本渔民有些交往，而与华人移民相交甚少。

如此算来，照片中的红衣小孩，现在应该已过而立之年了。红衣小孩也不知搬去何方，但愿有平安符相随，祝你全家平安。

结束语

不知大文人陶渊明在写了《桃花源记》之后，如果看到今日的小芬兰村，不知他老人家又会有什么旷世之作？

如果你有机会去小芬兰村，请放慢脚步，慢慢地感受历史和现实的交汇。你可能会默默地问自己，我究竟是谁？我从哪里来？要到哪里去？

如果你有机会到小芬兰村，请放轻脚步，静静地体验自然与人生的交流。

千万不要惊扰村里人的梦，有梦的人都值得祝福。

（原文发表在《高度周刊》2020 年 9 月，本文有修订）

伊娃（EVA）号渔船，依然亭亭玉立。

一艘船模

每年的五一，标志着加拿大亚裔文化月的开幕。今年的五一，还有一个以两位收藏家名字命名的“蒋 | 林德画廊”（Chung | Lind Gallary）正式揭幕，对公众开放。

新画廊位于 UBC 大学温哥华主校区巴伯学习中心（Irving K. Barber Learning Centre）二楼，联合展示了退休华裔医生蒋北扶夫妇（Wallace B. Chung and Madeline H. Chung）关于卑诗省华人移民历史的收藏品，和已故的前罗渣士通信公司高管林德（Phil Lind）先生保存，从其祖父一代流传下来，关于卑诗省克朗代克淘金热的家族日记和收藏品。

如果每一个画廊或博物馆都有一个镇馆之宝的话，“蒋 | 林德画廊”的镇馆之宝绝对非“亚洲女皇号”船模莫属。

此话怎讲？就从一种海报说起吧。

一张裁缝店里的海报：梦开始的地方

1931 年，在维多利亚唐人街，一家挂着“锦纶号”招牌的裁缝店里，老板、伙计六人，清一色男性。店堂里摆放了五六台缝纫机，大伙各自忙着手里的活。墙上挂着日历、孙中山的照片和其他一些大大小小的镜框。一个六岁的小男孩，把目光转向挂在他父亲开的这家裁缝店正面墙上的一张海报。咔嚓一声，一位不知名的摄影师，仿佛透过小男孩的目光，把这一幕留在了胶片上，把这一瞬间变成了永远。

这个小男孩就是童年时代的蒋北扶。吸引小北扶目光的那张海报上，是一艘加拿大太平洋轮船公司所属的“亚洲女皇号”（Empress of Asia）远洋客轮。海报设计者成功地渲染了这艘有三个烟囱的大型蒸汽机远洋客轮，在柔和的夕阳映照下，乘风破浪驶向大洋深处所展现的强大、美丽和一往无前。

烟囱的数量是蒸汽机轮船动力和造型美丽的体现。当时最大的客轮有四个烟囱，著名的“泰坦尼克号”就是四个烟囱的顶级客轮。但据说，其中一个是摆摆样子的，主要是给厨房排烟和通风用，而非动力用烟囱。

三个烟囱的大型客轮，对一个六岁孩童来说，绝对是充满震撼力和吸引力的，就像现代的孩子对航空航天充满了憧憬一样。但真正使他迷上“亚洲女皇号”的，是母亲告诉他，自己就是在 1919 年乘坐这艘客轮，从香港来到加拿大的。母亲来到加拿大之后不久，1923 年排华法出台，从那时起，除个案之外，所有华人都被禁止入境，直到 1947 年排华法被废除。这也难怪，他父亲会把这张巨轮的海报，挂在自己裁缝店的正面墙上，也由此吸引了小北扶的目光。

小北扶渴望有一天，自己也能像妈妈一样，作为一名乘客，登上这艘客轮，驶向遥远的亚洲。

或许这就是亚洲基因所起的作用吧，正是这张海报，引发了小男孩收藏爱好的灵感。从此一发而不可收，有关“亚洲女皇号”的所有一切，都在蒋北扶博士的收藏兴趣之内。蒋氏终身收藏就是这样开始的。

一艘"亚洲女皇号"船模：历史的活化石

走进新画廊，左边是接待台，右手边就是占据了整个墙面的玻璃橱窗。橱窗一分为二，上面八成面积的部分，成列着这艘巨型的"亚洲女皇号"船模，下面余下的部分是一个全息动画海底世界为背景的水箱，一些精致的瓷器杯碟散落其中，静静地躺在海底。远远看去，整个展览橱窗就像"亚洲女皇号"，在蓝色的大海上行驶，跨越太平洋的景象，惟妙惟肖地再现。

"亚洲女皇号"是加拿大太平洋轮船公司委托苏格兰的一家造船厂制造，长 180 米，宽 21 米，重 16,900 吨。1912 年下水，1913 年完成处女航，之后成为定期航行于温哥华-上海-香港之间的跨太平洋客轮，可搭乘 207 名头等舱乘客，137 名二等舱乘客，79 名三等舱乘客和 470 名统舱乘客，是当时加拿大到亚洲最快、最豪华的客轮。

除了在和平时期作为客轮往返于加拿大和亚洲之外，在战时她还担任武装商船和军舰，执行战斗任务。特别是在第一次世界大战期间，"亚洲女皇号"和加拿大太平洋铁路相连接，构成了一条从亚洲通往欧洲前线的重要补给线。

据史料记载，1916-1917 年期间，有一支多达十四万人的"中国劳工旅"（Chinese Labour Corps），在欧洲战场担任非战斗任务，支援法国前线的法英俄协约国部队抵抗德意奥匈同盟国的进攻。他们的主要任务就是为前线生产、运送、维护武器装备和士兵的食物等生活物资，有些岗位非常靠近前线，几乎面临着和作战士兵同样的风险。从工作的性质而言，这支队伍本应该被称为"中国后勤旅"更为贴切。

“中国劳工旅”全部由年轻的男子组成，绝大部分来自中国山东省和一些北方省份，其中大约有八万一千名男子，就是由“亚洲女皇号”，跨过太平洋运送到加拿大维多利亚港，然后再从温哥华转乘加拿大太平洋铁路列车，沿着由早期华工参与修建的横跨全国的太平洋铁路，前往东部港口哈利法克斯，再登上开往英国的轮船，穿越大西洋，抵达英国之后，他们越过英吉利海峡前往法国战场前线，整个行程历时长达三个月。

战争结束后，“中国劳工旅”绝大部分被遣返回国，其中有超过四万人就是沿着原路，由“亚洲女皇号”运送回中国。

在第二次世界大战时，“亚洲女皇号”在印度到新加坡的航行途中，遭到日军轰炸起火燃烧，船上的两千二百三十五名盟军士兵和四百十六位船员不得不弃船求生。1941 年 2 月 9 日，“亚洲女皇号”不幸在离新加坡十五海里的水域沉没，葬身大海。

偶然机缘成功收藏破损船模：“外科手术”修复如新

蒋博士希望有一天也能像母亲一样登上这艘客轮驶向远方的童年梦想，不幸被残酷的战争所打破。但是，蒋博士与“亚洲女皇号”的缘分未决，这一切似乎就是命中注定。

成年以后的蒋博士和夫人，成为最早一批在加拿大从事医学职业的华裔人士，蒋博士是血管外科手术的专业医师，夫人蒋黄文英博士则是著名妇产科医生，成功地接生了七千二百多名婴儿。蒋氏夫妇除了行医和教学之外，一生爱好收藏。

20 世纪 80 年代后期，蒋博士收藏的父亲裁缝店里的“亚洲女皇号”海报，及其他与加拿大太平洋铁路公司有关的早期海报，在温哥华海洋博物馆展出。有一位参观者认出了海报上的“亚洲女皇号”，这位参观者认识一个在多伦多的朋友，家里有一艘一模一样的轮船模型。经过这位热心参观者的引荐，1993 年的国庆节，蒋博士终于成功地把这个船模爱不释手地搬到了自家的收藏室。

这正是当年苏格兰造船厂在 1913 年与建造“亚洲女皇号”同时，制造的两个一模一样的原厂模型之一。长达 4.2 米，需八个人一起才能挪动。

蒋博士刚看到这个船模时，因她年久失修，特别是在没有暖气的多伦多地下室存放了三十多年，很多地方和零件都已丢失或损坏。要想修复，但无从下手。

1993 年当年年底，蒋氏夫妇在苏格兰离当时造船厂不远的一家古董店里，发现了一套当年“亚洲女皇号”的原厂图纸。对蒋博士夫妇来说，这就像中了乐透。

在之后的六年时间里，蒋博士花费了四千多小时，像做外科手术一样，亲手把船模缺失，损坏的部分，按原图原样，一一修复如新。

蒋北扶博士童年时代的收藏梦就是因一张“亚洲女皇号”海报而起，而一个“亚洲女皇号”船模的成功修复展出，无疑使蒋博士一生的收藏经历，形成一个完美的闭环。

而蒋氏夫妇的毕生收藏品，显示出移民对加拿大和卑诗省的重要性，于 2019 年被联合国教科文组织列入加拿大记忆历史名册。

结语：通往亚洲的路

“亚洲女皇号”在和平时期，定期航行于亚洲和北美之间。据传说，当时船上的服务生，有时为了省去洗碗的麻烦，会把客人在客房里使用过的瓷器餐具杯碟直接扔进窗外的海里。后来有潜水员在温哥华港外的佐治亚湾水域陆续打捞出部分完好的瓷器，也成为蒋氏夫妇的收藏品，这就是在画廊里和“亚洲女皇号”船模一起展出的展品。

有一次，蒋北扶博士风趣地对记者说，“如果能把太平洋的水抽干，我可以沿着这些瓷器引领的路径，找到亚洲。”

（原文发表在《高度周刊》2024 年 5 月，本文有修订）

“亚洲女皇号”船模

一个云城华人对冬奥会的难忘记忆

天下没有不散的筵席，四年一度的奥运会也一样。

筵席可以散，但记忆不会，尤其是对在自己家乡举办过的奥运会上，是真的记忆难忘。

最能让人记忆常新的，当然是一些特殊的奥运纪念品。

我有一个手机，号码最后四位数字是“2010”，这是在温哥华被选为2010年冬季奥运会主办城市时，我特意挑选的号码。这个手机至今依然在使用。这个精心挑选的号码也将时刻伴随着我，成为一个云城华人的特别纪念。

走进家里的客厅，一幅精美的照片镜框挂在墙上最醒目的位置。这是一张加拿大男子冰球队在赢得2010年温哥华冬奥会金牌后，穿着红白球衣，庆祝夺冠的集体合影。每每看着这张照片，一个加拿大人特有的自豪和胜利的喜悦，油然而生。

这个相框的独特之处，不仅在于这张合影是由加拿大冰球协会和照片制作人正式授权制作，还有系列编号，而且照片四周，围列着设计精美的全队23名球员的比赛球衣徽章。从当时我最喜欢的身穿1号球衣的门将罗伯托·卢昂戈（Roberto Luongo），到在决赛加时赛中，打进制胜一球的披袍87号球衣的西德尼·克罗斯比（Sidney Crosby）。

比赛有开始，就会有结束。但是，如果我们不去参与的话，它甚至连开赛的机会都不会存在。正是如此，才有了从蒙特利尔，卡尔加里，再到温哥华等地加拿大人共享冬奥会记忆的原因。

温哥华冬奥期间进行的民意调查显示，绝大多数加拿大人认为奥运会使这个国家更团结。当时的总理斯蒂芬·哈珀也郑重宣布，2010 年奥运会提升了加拿大在世界舞台上的地位。

然而，并非所有的记忆都是甜蜜的，因为“甲之蜜糖，乙之砒霜”。当年，当六万多人聚集在卑诗体育馆庆祝冬奥会开幕时，另有超过五千名活跃分子，走上温市中心的街头抗议奥运会，并要求提供可负担住房，环境保护和社会正义。

人们可能看到事物的角度不同，保留记忆的选择也会不同。

比如，2018 年英国威廉王子“竖起中指”的不雅照片，而实际上是一个刚刚得知第三个孩子出生后，幸福的父亲向媒体比划一个“三”的手势，表达第三胎母子平安的喜悦。不幸的是，一个摄影记者从侧面抓拍，变成了“竖起中指”。

同样，通过光投影效果，正圆柱体从顶部看时为圆，从侧面看时成方。我们将一张显示七大洲和四大洋的扁平印刷品称为世界地图，而真正人类共同生活的世界，是一个立体的球体。

加拿大人经常被描述为富有同情心和同理心。不像美国人坚称要么支持我们，要么反对我们，加拿大人可以做到保持一致的不同意，也可以同意保持彼此的不一致。

2022 年又是奥运年，冬奥会即将在 2 月 4 日到 20 日在中国北京举行，加拿大宣布将有 103 名运动员出征北京冬奥会参赛。这些运动员和他们的教练多年来一直在夜以继日地训练，他们完全配得上去参与这四年一次的机会。

加拿大人钦佩我们的冬奥英雄，期待着他们从北京奥运会上凯旋而归来。

什么是英雄？扮演超人的演员克里斯托弗·里夫（Christopher Reeve）曾说过："英雄是一个普通人，在面临无与伦比的困难时，还能找到坚持和忍受的力量。"

而对我而言，英雄就是一个普通人，做了平凡的事，但取得了非凡的成就。在日常生活中，他们可能只是普通人，就像我们的兄弟姐妹，同事或朋友一样。

我就曾碰到过这样一位普通人，在一家自1947年开始就支持加拿大奥运代表队和运动员的加拿大银行工作。多年前，与这家银行的一位财务顾问的第一次见面时，她办公桌上一张精美照片吸引了我的注意。照片上是一位年轻而美丽的花样滑冰运动员，正在进行冬奥现场比赛。然后我才知道她就是照片中的运动员，也是早年参加过奥运会的老将。

疫情以来，我们无法直接见面，办理银行事宜，只能用我那带"2010"尾号的电话跟她沟通交流。

从精心挑选的电话号码，到带框的精美照片，是一个云城华人珍藏的冬奥纪念品。奥运英雄更高、更快、更强的精神，则带给每一个加拿大人充满激情的自豪感和爱国主义的情感。

加油，奥运英雄。

（原文为英文发表在《佐治亚海峡周报》2021年3月，中文发表在《高度周刊》2022年1月，本文有修订）

醉人，人醉

有人说，音乐是装满寂静之杯的佳酿。

龙年元宵前夜，一阵阵来自内蒙大草原，塞外风暴一般的摇滚乐声，却更像是一杯杯浓浓烈烈的阿日哈（蒙语：酒），几乎要把一贯波澜不惊、静若止水的云城华人通统灌醉。

这就是来自中国的民族摇滚乐队“杭盖乐队”北美巡演，在温哥华首场演出的现场。

《杭盖》《酒歌》《乌兰巴托的夜》《轮回》和《鸿雁》……，一首接一首摇滚而来。近八百位现场观众，一杯连一杯开怀畅饮，今夜不醉不归。

摇滚乐，是一种振奋人心、激荡灵魂的音乐形式，它源于对生活的热情，对自由的渴望，是一股永不止息的奋发向上之声。摇滚乐诞生于20世纪40-50年代的美国。那是一个二战以后，充满变革和不安的时代，年轻人渴望表达自己的声音，摆脱社会的束缚。正是在这样的背景下，摇滚乐应运而生。它的节奏强烈而澎湃，歌词充满对社会现实的批判和对自由的向往。

摇滚乐的精髓，在于不做作，不虚伪，直抵人心。在摇滚乐世界里，每一个音符都是一次呐喊，每一句歌词都是一次宣言。它从不妥协，让摇滚乐成为了无数年轻人心中的精神图腾，激励着他们去追求自己的梦想，去捍卫自己的信念。

原来以为，当年伴随着一首《一无所有》走出校园，应该已过了喜欢摇滚乐的年龄。而且早在世纪交替之际，就已经来到世外桃源一般的云城居住，对于“杭盖乐队”

如何在2004年正式成立，如何在2007年发行了第一张同名专辑《杭盖》，又如何在2015年参加了原创音乐真人秀节目《中国好歌曲第二季》一举夺冠，我本一无所知。

直到近日，从万能的微信“朋友圈”里，看到“杭盖乐队”要来云城巡演的海报，才出于好奇，不禁问自己，这“杭盖”到底是啥意思？上网一查才知道，“杭盖”就是一个古老的蒙古语单词，意思是：一个有着蓝天、白云、草原、河流、山和树林的世界。听到有这样一个充满了华夏民族原汁原味名字命名的乐队，同时又是寓意着草原上大自然各种意象和意境，钦慕中华文化和美丽自然的自己，心中竟然重新燃起了要去现场摇滚一下的冲动，就像酒虫上了身一般。

果然，杭盖的八大金刚，实实在在地打上了大草原的自然印记。他们身着蒙古族民族服饰，操弄着十八般乐器，一开口，就是满满的“酒”气。他们不仅带来了草原上的《酒歌》，还带来了高山上的酒香，更带来了一饮而尽之后的畅快淋漓，热血沸腾。除了酒香扑鼻，他们的歌声、琴声、鼓声，仿佛把观众带到了辽阔的内蒙大草原。时而是“天苍苍，野茫茫，风吹草低见牛羊”，时而是“春风得意马蹄疾，一日看尽长安花”，时而又是“一川草色青袅袅，绕屋水声如在家”。

金属般的力量就像摇滚乐的标配，而顶配的摇滚乐自然离不开让人心跳加速的旋律和节奏。“杭盖乐队”带来的，果然就是草原上万马奔腾的马蹄声，还有马蹄琴演绎骏马驰骋的嘶鸣声。

观众席上，一排排年轻小伙和姑娘，一对对年长大叔和大妈，随着歌声琴声一起摇滚着，摇滚着。已经升级为大叔级别的我，也随着节奏，跃跃欲试地跳起了当年上小学时的扬鞭骑马舞，也不管旁人看着，是不是觉得韩国江南大叔现身。邻座的几位年轻后生，也不时随着节奏晃动着，还跟着台上一起跟唱起来。我好奇地问，你是蒙古人吗？她答道，不是，只是喜欢听“杭盖”的歌，就会唱了。

当《乌兰巴托的夜》响起时，无数观众打开手机的照明灯，左右摇摆着，像极了广柔塞外草原上，夜晚里天空中无数的星星，眨巴着美丽的大眼睛，台上台下，一闪一闪，相互呼应。看来，音乐不仅仅是一种声音、旋律或者节奏，而是一种情感的表达、一种灵魂的共鸣，是人类创造力和想象力的结晶。音乐是一种跨越年龄、语言、文化、地域和时代的交流方式，它能够超越言语的界限，直击心灵的深处，让人们感受到前所未有的力量和情感。

音乐就是人类通用的语言。记得多年以前，在莫斯科大剧院观看《天鹅湖》的芭蕾舞表演，现场观众中很多是来自世界各地，讲不同语言的外国游客。当帷幕拉开，乐声响起，柴科夫斯基的音乐立刻征服了现场所有观众的心。优美的旋律，构建了一个童话世界的宏大音乐场景，有如泣如诉的管乐呜咽，表达奥杰塔公主纯洁的内心世界；也有华丽明朗的舞曲，表现齐格费里德王子的阳光和活力。最喜欢的是《四小天鹅舞曲》，轻松活泼，节奏干净利落，旋律欢快明亮，形象地描绘出了清纯活泼的小天鹅，在湖畔结伴嬉游的情景，富于田园般的诗意。每次听完，就像一股高山清泉透过心头，再烦、再闷、再恼，统统一笔勾销。从莫斯科回来，免不了要带回一些纪念品和伴手礼，也带回了一张《天鹅湖》组曲的黑胶唱片。这么多年过去了，其他物品都早已不知去向，唯有那张唱片，至今依然爱不释手。

音乐也是心灵的钥匙。有一次，在南欧肯纳根幻影溪酒庄的一次华人社区的聚会上，再次遇见本地的原住民艺术家埃德加（Edgar Muenala）。埃德加是一位作曲家、词曲作者和杰出的排笛演奏家，他将古老的曲调与新时代的感性相结合。在过去的二十多年里，他周游世界，与各种各样的社群人士分享他的音乐。2010 年 2 月，他登上了温哥华冬奥会的舞台。2014 年，他参与了“鹰之传奇中国巡回演唱会”。就在那次酒庄聚会中，当埃德加用排笛吹奏出《茉莉花》和《月亮代表我的心》的时候，几乎所有现场的华人朋友，无不随之吟唱，随之起舞，随之心醉。

音乐，确实是生活中不可或缺的一部分。从悠扬的旋律到激昂的节奏，从抒情的歌词到深沉的和声，音乐以其多样性和丰富性贯穿着我们的日常生活。它可以是一种抒发情感的出口，在欢乐时陪伴我们尽情欢畅，而在悲伤时成为我们倾诉的肩膀。音乐，是一种治愈心灵的良药，它能够带给我们力量和勇气，让我们在生活的旅途中勇往直前。

音乐有多种多样，每一种音乐都有其独特的魅力和风采。古典音乐以其优雅和典雅闻名于世，它是智慧和艺术的结晶，让人在宁静中感受到心灵的净化。流行音乐则是大众喜爱的选择，它通俗易懂，朗朗上口，能够迅速融入普通人的生活，成为大伙的陪伴。爵士音乐充满了自由和变化，它的即兴演奏让人感受到无穷的想象力和创造力。民族音乐就是产生于民间，流传在民间，表现各种民族特有或共同的民间生活、生产的场景。摇滚音乐则是年轻人的宣泄之声，它的激情和张力让人在燃烧中找到自己的热情和活力。

而“杭盖”的摇滚乐，再次证明了摇滚乐可以跨越年龄、文化、国界和种种其他的人为阻隔，在每一个追逐梦想的人心中，摇滚乐的火焰都会燃烧，永不熄灭。因为，摇滚乐不仅仅是一种音乐，更是一种信仰，一种力量，一种不朽的传奇。

在这个喧嚣悸动的世界里，音乐就像母亲拥抱、安抚婴儿的双手，慰藉我们的心灵。让我们沉浸在音乐的海洋中，让那些美妙的旋律和动听的节奏，成为我们生活中最美好的陪伴。在音乐的世界里，我们总能找到属于自己的一片净土，感受到生命的无限可能。

元宵时刻，温哥华的夜不再平静，因为，你我都醉了酒。

（原文发表在《菲莎文萃》2024 年 4 月，本文有修订）

中西差异、殊途同归

庚子春，疫情肆虐，无奈宅于家中。

偷闲，再读李盈和王健教授夫妇合著的《跨文化视角下的北美与中国文化》一书，受益匪浅。

中西文化在很多时候是有明显的差异，比如，“大处着眼，小处着手”，彰显中国文化的集体意识，而“自由，平等”，突出北美西方文化处处强调个体主义的至高无上。

于是乎，中国人写信的格式便是“国名、省名+城市名、街名+门牌号码、收信人姓名”，而英文书写的格式正好相反：“收信人姓名、门牌号码+街名、城市名+省名、国名”。

日期的表达也是中国人习惯为“年、月、日、星期几”，而英文则反其道而言之“星期几、日、月、年”。

中国人习惯称呼人为“姓+头衔”，比如赵校长，钱师傅，孙博士，李教授等等。而英文则采用“头衔+姓”的称呼，比如 President Lincoln, Dr. Walls, Professor Lee，等等。

其实，在日常生活中，我们常常会发现很多有意思的中西文化不同表达之处。比如在工作场所不能让非工作人员入内的地方，中文一般会写上“闲人莫入”提示牌，而英文则是用“Staff Only（工作人员准入）”。在不允许吸烟的场所，中文会贴上“禁止吸烟”，而英文则更常用的是“Smoke Free（无烟区）”。

凡此种种，中西文化对很多事物的看法和表达方式差异明显，但各自要表达的内容，在每个场景下需要表达的信息是一致的。笔者非常赞同李盈和王健教授夫妇在书中的结束语：“我们知道北美和中国文化有同有异。然而，不同并非对错，而只是‘殊途同归’罢了。”——真所谓条条大路通罗马（All roads lead to Rome）。

说起罗马，最近发生在疫情中的一些故事，既让人痛心不已，但也令人振奋钦佩。

当疫情在欧美等地急剧扩散时，意大利一度成为疫情传播最严重的国家。目前，感染人数已超过十五万，感染死亡人数近两万。紧急情况下，意大利大面积封城，市民也开启了“宅家”模式。

就在封城的第四天，罗马市长发了一条推文，大意是：“今晚 7 点让我们都打开窗户，和邻居们互相问候一起歌唱，即使我们现在不能碰面，在困难时期也要互相帮助和关怀”。于是，我们就看到了令人振奋的意大利罗马阳台“音乐会”——男女老少齐参与，十八般乐器齐上阵，让城市重新 High 起来。

现在，这个“阳台音乐会”已经传遍北美很多城市。每晚 7 点，人们不分年龄，不分种族，自发地在自家的阳台上、院子里、屋门前站立鼓掌，击打着能发出声响的各种器皿，向战斗在第一线的医护工作人员表达人间最朴实、最崇高的敬意。

疫情发展到今天，新冠肺炎病毒已波及全球两百一十二个国家和地区，感染确诊人数超过一百七十五万人，病毒夺去了近十一万人的生命。病毒对人体的侵入是以无差别进攻的方式进行传播，完全不分年龄、性别、种族、宗教信仰、经济发达程度、收入水平、社会地位，或者有没有文化。

面对病毒的无情进攻，人类在尽快研发疫苗和特效药的同时，目前能采取积极防御的措施，就是阻断病毒的传播途径。于是，“家里蹲”，“社交距离”，“洗手唱祝你生日快乐”等战略战术纷纷登场。而戴口罩在很多地方也成为一种重要的防疫手段。

但是，对于戴口罩，中西文化差异再现。

中国乃至亚洲很多地方对戴口罩防护从小就习以为常。在冬天，出门戴口罩避免冷空气侵入。在 PM2.5 值超标的时候，戴口罩防御吸入有害物质。在感冒或流行病高发时，戴口罩杜绝感冒的交叉感染。在新冠肺炎暴发时，中国严令不戴口罩不得出门。

就在新冠肺炎疫情在欧美发生的初期，很多当地的亚裔人士纷纷戴口罩进行自我防御，但却遭到非亚裔人士的误解，歧视，甚至暴力攻击。因为在西方人接受的教育里，健康人是不需要戴口罩的，只有病人才需要戴口罩避免传播给别人。就在加拿大总理特鲁多在面对全国的电视讲话中，也说“戴口罩可以防止口沫飞溅，”从而保护别人不被可能的传染。

所以，不管你是中式的戴口罩保护自己不被传染，还是西式的戴口罩保护别人不被口沫溅身，效果都是防止病毒传染。这也算是一种“殊途同归”吧。

读书就像与智者对话，让心胸豁达。乘宅在家，多读好书。

（原文发表在《高度周刊》2020 年 4 月，本文有修订）

何日才能归故乡？

有一个地方叫作故乡，是人们生长的地方。

每个人都有自己的故乡。有人说，故乡是流淌在身上的血液，故乡是走不出的记忆，故乡是心中的甜蜜。确实，故乡就像基因一样，深深地根植在每个人的细胞和记忆里。

细胞用肉眼看不见，但记忆却是闭上眼也都历历在目。我记忆里的故乡就像摇篮，摇着摇着，你我慢慢长大。一方水土养一方人，纵然走过万水千道梁，依然能清晰记得故乡的模样。

豫园、浦东、新天地，那是故乡历史变迁的缩影。红房子、相辉堂、七重天，则是个人成长历程的见证。故乡在长高，我也在长大，难忘故乡的大街小巷，一草一木。

舌尖肯定也是有记忆的。从小到大，走南闯北看世界，东西方美食尝个遍。最留恋的，还是四喜烤麸三黄鸡， 水笋烤肉糟毛豆，因为那是小时候妈妈的味道。

妈妈的味道就是家乡的味道。妈妈做得一手地道的宁波上海家常菜。逢年过节，她都会特意多烧一点，给东头的常熟阿姨，西头的苏州爷叔，前头的小宁波，还有后头的老山东，每家盛上一碗送过去，有时是芝麻猪油汤团，有时是小葱大排长寿面，请大家品尝、分享。

过一阵子，我家餐桌上也会多上一碗邻居端来的小菜，有时是叫花鸡，有时又是卤汁豆腐干，或者山东高脚大馒头。

大学快毕业时，一个周末，妈妈让我把一众即将奔赴远方的四年同窗好友请回家，给大家祝福饯行。人多，普通餐桌坐不下，特意借用了一个乒乓球台当餐桌。见到还有女同学参与，妈妈准备了好多菜，大大小小的盆碗摆满整个乒乓球台。

那时候，上馆子可还是很奢侈的年代，妈妈的家宴却胜过所有的餐馆。许多年以后，当年同窗老友在异国相聚，每每总是能回味起妈妈的味道，一荤一素。

我记忆里的故乡也像舞台，演着演着，你我都变成了人生真角色。有发小，有恩师，有街坊邻居，还有操着一口乡音的故乡人。小时候，那还是买粮食要粮票，冰棍四分钱一根的年代。发小一起上学，下课结伴“抄”作业，然后便在弄堂里玩那个年代不用花钱的游戏。至今，发小群依然是朋友圈里最最活跃的一个群，一惊一乍。

当年的老师们都已年迈退休，有些甚至已经作古归西。但是从小学到高校，有幸有特级教师的谆谆教诲，也有世界级大师的循循善诱。最令人终生难忘的却是当时小学的班主任刘老师，居然能用现在西方教师所谓的鼓励教育法，把我培养成了臂上有三条杠的一班之长。师生之情，一生一世。

曾经是弄堂里的左邻右舍，推开窗，就能把油条大饼递来送去的，现在几乎都因拆迁，搬入钢筋水泥盒子般的摩天大楼里。住房面积增加了，生活条件改善了，但似乎也缺了不少远亲不如近邻的一番滋味，一得一失。

即使是素昧平生，乡音就像一把开启陌路人之间隔阂的钥匙，开锁瞬间，就见一副老乡见老乡，两眼泪汪汪的模样，一唱一和。

我记忆里的故乡还像模特，在文人墨客笔下，频频亮相，在歌手艺人口中，娓娓唱来。从鲁迅的“故乡”，到余光中的“乡愁”，从李谷一的“乡恋”，到费翔的“故乡的云”，唯有对李白的“举头望明月，低头思故乡”情有独钟。

忽然有一天，自己以为奔向了远方，把他乡变成了故乡，而故乡却又成了远方。刮风时，仰望家乡飘来的云。下雨了，聆听仿佛家乡熟悉的雨水声。而最感叹的还是在月圆时，举头低头之间，是乡恋？或是乡愁？恐怕只有月亮才知道。

如今的故乡竟然像一首歌，黯然唱道：“回不去的地方叫作家乡，去不了的地方叫作远方”。曾几何时，航班熔断难飞翔，旅行码变绿就像如履薄冰，容不得任何闪失，哪怕只是一丝一毫。

纵使一票在手，依然是我在这头，故乡在那头。无奈何，每逢佳节倍思亲，竟然变成“别思亲”也“不旅行”。故乡就这样成了回不去，也去不了的地方。

“蜀道之难，难于上青天，侧身西望长咨嗟！”何日才能归故乡？

（原文发表在《高度周刊》2022 年 1 月，本文有修订）

看完大山侃大山，才明白大山背后的加拿大

日前，大山首次在云城举办个人专场商演。1962年落成，有六百六十八个座位的温哥华剧场，几乎座无虚席。

说起大山，在中国几乎无人不晓。加拿大的华人对他更不陌生。20世纪80年代，中国观众从中央台的电视节目里开始认识大山。从元旦晚会到春晚直播，大山的小品和相声表演，赢得数以亿计电视观众的笑声，成了家喻户晓的“洋笑星”。

他在艺术舞台上娱乐观众，更在国际交流舞台上发挥特长。从北京奥运会的“加拿大特使”，到温哥华冬奥会的“中国媒体代表团成员”，再到2010年上海世博会的“加拿大总代表”，大山逐渐发展成一位全方位的加中友好使者。

这次，经过3年多的社交隔离，观众终于走出了疫情阴霾，大山也携《大山笑友汇》回归现场舞台。这是一台以大山的单口喜剧为基础，携手几位“笑友”嘉宾，将脱口秀、曲艺表演、音乐与古诗词朗诵汇于一体的全新体验。

作为一个与这个剧场和大山同为60后的观众，看完《大山笑友汇》后，才明白，现实中还有一个大山背后的加拿大。

不是所有的加拿大人都是大山

从出道那时算起，大山在艺术舞台和国际交流舞台上，一直活跃了近四十年，他影响了整整三代中国人。显然，

他是成功的。

一个长着外国人的脸，不远万里从加拿大来到中国，说着比普通中国人还要标准的普通话，讲着令人捧腹的段子，他显然成了很多中国人的开心果。

有中国主流媒体评论说，“大山虽然是外国人，但不是外人。”难怪，很多国人只知大山，不知 Mark Rowswell 本尊。

很多还没有机会来过加拿大的华人朋友，一般是通过两个人来认识加拿大的，一个是白求恩，另一个就是大山。确实，白求恩和大山都是加拿大人中的一员，但真正的加拿大人更是多元。也就是说，不是所有的加拿大人都是大山。

如果把加拿大人都想象成大山的模样，那简直就是盲人摸象。多元文化社会的加拿大人，肤色不同，母语不同，祖籍国不同，信仰不同，政治倾向不同，世界观不同，对中国的认知不同，对中国人的态度也不同……。甚至最近还有些加拿大人提出，要把某些加拿大自己人，当“外国代理人”登记。加拿大人的多元可见一斑。

尽管如此，至少有一点是相同的，就是所有加拿大人，都必须遵循《加拿大权利与自由宪章》。

东方与西方相遇，多元文化显魅力

现场演出中，大山的中国古诗词朗诵，令笔者望洋惊叹，自叹不如。不是因为我的英文比大山差，而是因为大山的中文比我强。

在抑扬顿挫的配乐声中，在中英文对照的屏幕显示下，大山将唐代白居易的《长恨歌》，共一百二十句，八百四十个字，洋洋洒洒地演绎，再现了唐玄宗和杨贵妃的爱情故事，以此表现了唐代由盛转衰的过程。

随后，大山又将两百九十四个字李白的《蜀道难》，艺术地呈现了蜀道峥嵘、突兀、强悍、崎岖等奇丽惊险和不可凌越的磅礴气势，借以歌咏蜀地山川的壮秀，显示出山河的雄伟壮丽，也寓意人类历史前进之难，“难于上青天。”

我想，如果没有对中华文化有足够的了解、把握、揣摩和喜爱，是根本无法做到如此酣畅淋漓，声情并茂地演绎唐代古诗。

更奇妙的是，大山选择的这两首古诗，一是描述中国古代巅峰时期的唐朝由盛转衰的转变，一是借用蜀道峥嵘象征历程之艰难。这是想借古喻今，说明当今世界第一和第二之间的复杂关系？或许，这不过就是大山对这两首中华诗歌巅峰代表作品的情有独钟？

无独有偶，与大山在温哥华演绎唐诗遥相呼应的，是北京大学在庆祝建校 125 周年之际，与国家大剧院合作，在北京特别上演了莎士比亚经典四大喜剧作品之一《仲夏夜之梦》，吸引近四千名北大师生。

当人类的文明结晶，能够穿越时空，人与人的距离是否也可以拉近，拉得更近？

人们常用“东方与西方相遇”来形容加拿大的多元文化。大山念唐诗，应该就是一个例证。但是，千万不要忘记，不是所有的加拿大人都是大山。

加拿大也有“白骨精”

最令人拍手叫绝，也是大山最保裉的节目，就是快板书经典唱段《孙悟空三打白骨精》。

放眼舞台，只见大山，身着长衫，脱掉眼镜，手摇竹板，打完前奏，字正腔圆，开口唱道："说的是，唐僧西天去取经……"。瞬间，就把现场的观众带入了浪漫主义的神魔世界。

但是，大山的表演没有告诉观众的是，现实世界未必如此浪漫，但依然神魔。

因为，加拿大也有一个"白骨精"，那就是欧洲至上、白人至上的种族歧视。而且这个"白骨精"也会变幻异身。

最初的种族歧视是基于肤色、族裔、语言等直观的差异。当初，欧洲殖民者来到加拿大，开发"新大陆"，奉行"发现原则（Doctrine of Discovery）"，对原住民的土地进行掠夺，对原住民进行系统性歧视。于是就有了原住民寄宿学校，就有了 60 年代对原住民幼童的强制寄养等一系列惨绝人寰的歧视和文化灭绝措施。多年以后，加拿大政府对此作出了道歉和赔偿。

后来，华人等亚洲劳工来到加拿大，参与淘金和太平洋铁路建设，从而帮助建立和建设了完整的加拿大联邦。但不幸的是，华人劳工反而成为新的歧视对象。于是就有了唯一的、专门针对华人的"人头税"，和《1923 年排华法案》。多年以后，加拿大政府对"人头税"也作出了道歉和赔偿，也废除了排华法案。

针对敌对国家族裔的加拿大人，种族歧视更不会手软。二次世界大战期间，在加拿大的乌克兰裔、德裔、日本裔、意大利裔先后分别受到了系统性歧视对待，登记、没收财产、送入鸟不拉屎的集中营。多年以后，加拿大政府又对此分别道歉和赔偿。

随着加拿大人权宪章，多元文化政策，反种族歧视策略等一系列反歧视措施的完善，种族歧视就像“白骨精”变身，基于行为差异的歧视随之出现。所谓不看冰球的，不够加拿大人；不讲英文的，不够加拿大人；不去酒吧的，不够加拿大人。到后来，戴不戴口罩，打不打疫苗，做不做变性手术，去没去北京旅游，有没有跟北京的官员合影，都可以成为被歧视的起因。

更加离谱的，近年来，基于个人观点和意见等意识形态不同的歧视越来越盛。俄乌战争、专制政权、外国干涉等等政治性议题，都可以成为非友即敌，区别对待的依据。

所以，当代的“白骨精”已经三体合一，这难道就是作家刘慈欣笔下描写的“乱纪元”的到来？这无疑对多元、包容、平等的加拿大社会危害极大。

加拿大还好有“如来佛”，但“悟空”在哪？

但是，有些加拿大人就像唐僧，在“白骨精”现形之前，并不认为有种族歧视的存在。比如，著名专栏作家雷克斯·墨菲（Rex Murphy），在他的一篇专栏中写道：“种族主义和歧视实际上有多少是‘加拿大现实的一部分’？它们是否绝大多数存在？它们是……加拿大生活的核心部分吗？”。

这些作为反问句提出的问题，答案似乎都是“否”。所以，他总结说，“从任何角度来看，加拿大都是一个成熟、热情、开放和慷慨的国家”，并且“一直在尽最大努力表现出宽容和热情”。

确实，不少华人朋友也深有同感，觉得种族歧视离他们的生活很远。

对此，有一半华裔血统的加拿大联邦政府副部长 Daniel Quan-Watson 先生，用亲身经历的四十四类，数百起被歧视的活生生案例，回应墨菲的反问句，证明了“白骨精”就在我们身边。[4]

加拿大仅有的两位华裔联邦参议员胡子修和胡元豹，都在不同场合，被人指着鼻子骂道，“滚回中国去！”

温哥华华裔市长沈观健，被无端质疑外国干涉助他当选成功。

华裔国会议员董晗鹏，被媒体用未经证实的信息，指责为“通敌”。

不少华裔科学家、学者，也对与中国的科研合作而噤若寒蝉，避而远之。

就连大山本人，也是种族歧视的受害者。不是因为他本人被歧视，而是三十五年前一次学校演出时的“黑脸”出演。2019 年大山连发十道推文道歉：“我 1984 年在高中时曾‘涂黑脸’表演。我没有不尊重的意思，但这是错误的。对不起。”

一边听着大山的快板书，一边不禁在想，要是大山哪天能创作演绎一出加拿大版的“孙悟空三打白骨精”，那该有多好啊。

还好，除了齐天大圣，加拿大还有一个“如来佛”，那就是《加拿大权利与自由宪章》。

（原文发表在《高度周刊》2023 年 5 月，本文有修订）

---

[4] An Answer to Rex Murphy's Questions on Racism in Canada by Deputy Minister Daniel Quan-Watson（INC1-V38）- CSPS（csps-efpc.gc.ca）

第二章

墙里墙外

一堵墙是西方对中国的偏见，另一堵墙是中国对西方的偏见。我身处两堵墙之间，得以看清两种偏见都是根基不足，谬以千里。

——Fuchsia Dunlop

哦！加拿大

2021年7月1日，是加拿大154周年国庆节。

与往常的举国同庆不同，今年的国庆却很有一些特别之处。

一是受新冠疫情影响，很多现场的庆祝游行集会，纷纷改在网上进行。

二是届时加拿大公民入籍时的宣誓词有重大修改，增加了尊重原住民权利的内容。

三是越来越多的城市决定取消国庆活动，以彰显与原住民的精诚团结。

四是反亚裔种族歧视愈发喧嚣尘上，各种对华裔和其他亚裔的语言乃至肢体暴力相向，无以复加。

这是怎么了？难道我们这是来到了一个假的加拿大？

网上国庆盛况不减

肆虐了一年多的新冠疫情，改变了人们的生活、工作和休闲方式，也改变了国人过国庆节的方式。

曾记得，从千禧年举家搬迁来到加拿大，一直到疫情发生前一年，每年的国庆，必是亲朋好友相约，身着象征国旗红白颜色的服饰，脸颊上印上火红火红枫叶的图样，手持大大小小的枫叶旗，纷纷聚集在一起，越是人多的地方越是热闹。晚上烟火时分，欢庆的人群拥挤得几乎都无法移动。这曾经是真正的加拿大国庆打开方式。

但疫情自2020年初全球暴发以后，人群密集的活动已经不复存在。加拿大国庆的方式也随之改变。

去年的国庆，就已经取消了很多现场的庆典，燃放烟花的传统也纷纷取消。今年的国庆，大型的现场庆典依然无法全面恢复，但添加了很多网络的虚拟安排。从“加拿大日之光”，到加拿大日虚拟烟花，精彩纷呈，倒也不失一份热闹喜庆。

“加拿大日之光”，集中展现了全国各地多才多艺的艺术家，他们的作品让我们多元文化大放异彩！今年，艺术家们将在现场直播中，庆祝作为加拿大人的骄傲，强调国人的韧性，并加强将大家团结在一起的纽带，很是期盼。

这场 2 个小时的网上盛会，将带领观众从首都渥太华到艾伯塔省，途经爱德华王子岛、魁北克、育空地区、马尼托巴省、新不伦瑞克省和西北地区。它将以整个国家的地理范围，作为一个充满活力的空中舞台，展示艺术家们的精彩表演。

当天，各地当地时间晚上十点钟，加拿大日虚拟烟花，将让成千上万的加拿大人眼花缭乱！无论你身在加拿大境内何处，都可以将智能手机或平板电脑对准天空，欣赏这场 3D 烟花表演。这种有趣和创新的体验会让你感觉仿佛身临其境，如梦如幻。

除此之外，全国各地还有九百一十七场计划中的各种现场和虚拟的庆祝活动，盛况依旧，幸福感倍增。

公民入籍誓词重大修改

在国庆节举行公民入籍仪式，肯定具有非常特别的意义和回忆。入籍仪式的重头戏，便是准公民的宣誓仪式，只有完成为对加拿大效忠的宣誓，才能从准公民，变成真公民。

但今年的国庆公民入籍誓词，将与以往大不相同。

从 2021 年 6 月 21 日开始，加拿大公民入籍誓词修改法案正式生效。即日起，新入籍的公民在入籍时，必须按照修改后的誓词宣誓。修改后的公民入籍誓词是这样的：

“I swear （or affirm） that I will be faithful and bear true allegiance to Her Majesty Queen Elizabeth the Second, Queen of Canada, Her Heirs and Successors, and that I will faithfully observe the laws of Canada, including the Constitution, **which recognizes and affirms the Aboriginal and treaty rights of First Nations, Inuit and Métis peoples,** and fulfil my duties as a Canadian citizen.”

“我宣誓：我将忠实地效忠加拿大女王伊丽莎白二世陛下、她的后嗣和继任者，并将切实遵守加拿大的法律，**包括承认并确认原住民地位及其第一民族、因纽特人和梅蒂斯人的条约权利之加拿大宪法，**履行作为加拿大公民的责任。”

这次修改的是黑体部分，即增加了尊重原住民权利的内容。

公民宣誓（Oath of Citizenship），是由自愿入籍成为加拿大公民朗诵的声明。宣誓仪式是由国家公务人员或选派法官主持的典礼，是一种对加拿大君主表示忠诚的约定或宣言，并誓言遵守加拿大法律与履行公民义务。在宣誓完成之后，才会发放公民证书给宣誓人。

加拿大虽然建国于 1867 年，但“加拿大公民”身份定义直到 1947 年才出现，在此之前，加拿大人如同其他英联邦王国的居民一样被视为英国臣民，而从非英联邦国家移居加拿大的人士则须宣誓效忠君主。加拿大国会制定了《1946年加拿大公民身份法案》，新法于1947年1月1日生效，这才有了加拿大公民身份。

公民宣誓现在是一项具法律约束力的口头和书面契约，以确保新入籍的加拿大公民承诺效忠加拿大，遵守加拿大的法律，履行公民义务。这次修改增加的内容就是要强调尊重原住民的权利。

但是，令人费解的是，对在加拿大出生的公民，法律却并没有要求作出同样的宣誓承诺。这种对出生公民和入籍公民的区别对待，从社会和司法公义的角度，难免引起质疑。

更难以理解的是，总有这样一些出生公民拿着放大镜、显微镜甚至是瞄准镜，对着新入籍的公民，还时不时地质疑他们，是效忠加拿大还是效忠祖籍国，而忘记了他们自己连公民考试和公民宣誓都从来没有完成过。

不知加拿大的立法者，有没有考虑修改立法，在公民宣誓上，也真正保障无差别、公正公平对待每一个加拿大人，让每一个加拿大公民都有公民考试和宣誓的机会。

多地取消国庆活动

就在国庆即将来临之际，已有多个城市宣布取消当地加拿大日的庆祝活动。从卑诗省首府维多利亚市，到卑诗省内陆的彭蒂克顿市（Penticton）和甘露市 （Kamloops）以及萨省的拉龙格市（La Ronge），仿佛多米诺骨牌一样，越来越多的地方决定取消国庆活动。就像当年，1923年排华法出台后，全加华裔社区集体抵制过国庆节一样。

引发这次全国多地取消国庆的原因，就是最近连续爆出的加拿大原住民寄宿学校那段黑暗而罪恶历史的丑闻。5月28日，在卑诗省甘露市一所原住民寄宿学校旧址，发现了两百十五具原住民儿童遗骸，年龄最小的仅三岁。就在加拿大日前一周，在萨省的一所原住民寄宿学校的旧址上，再次惊现七百五十一个没有墓碑的坟墓。墓中埋葬的是孩子还是成人，还有待进一步考证。

加拿大原住民寄宿学校是一种专为加拿大境内原住民所设立的寄宿学校。这种寄宿学校在加拿大1867年建立联邦前就已出现，但主要在联邦成立后，1867年联邦政府通过建立《印第安人法》而获得法律效力。学校由加拿大政府联邦政府资助，并与基督教教堂合作管理。

加拿大原住民寄宿学校系统创建的目的与理念，表面上是帮助原住民儿童融入加拿大社会，以成为具有一定教育背景与投票权的公民。然而，对当时普遍充斥种族主义、文化清洗心态的政府，以及管理阶层的基督教教会而言，其真正目的则在于消除原住民文化与信仰对下一代原住民儿童的影响，并以强制同化政策迫使原住民儿童与父母分离，融入所谓的主流加拿大白人文化。

在寄宿学校系统运行的一百多年中，约有三成的原住民儿童（约十五万人）曾经被“安置”于寄宿学校中。这些孩子普遍受到身体伤害、性侵犯、语言冒犯和人格侮辱，至少有六千名学童在就学期间死亡。

自两百十五名原住民寄宿学校儿童遗骸的被发现，深深震动了加拿大。联邦政府和各地地方政府，纷纷降半旗致哀，各地各族裔民众，纷纷以自发和组织的形式举行悼念活动，向原住民群体表达感同身受的伤痛和坚强团结的支持。

很多加人觉得，在庆祝加拿大154周年国庆之时，每一个国人更应该对加拿大历史的黑暗和罪恶作出深刻的反省。取消莺歌燕舞的庆典，认真反思，纠正过去，更加团结，面向未来，才是今年国庆的正确方式。

反亚裔种族歧视喧嚣尘上

加拿大原住民无疑是加拿大历史上种族主义和种族歧视最大的受害者，但绝不是唯一的受害者。针对华裔的“人头税”和“排华法案”，针对日裔的强制贱卖财产、强迫安置于卑诗省内陆和阿尔伯达省的集中营，针对印度裔的“驹形丸号”事件等等，都说明加拿大历史上极其不光彩的一页页，一件件。

虽然加拿大政府对这些历史上的种族主义和种族歧视作出了正式道歉，但遗憾的，当代现实生活中的种族主义和种族歧视从来没有走开。从去年新冠疫情暴发以来，伴随着新麦卡锡主义的回光返照，加拿大各地反亚裔种族歧视喧嚣尘上，这难道真的是历史悲剧的重演？

当我们看到，一位九十二岁高龄的华裔老人摇摇晃晃的虚弱身体被一彪形壮汉故意推倒在地的时候，当我们看到一家三代四口穆斯林家庭在一个夏日傍晚，到住家附近街边散步时，被人故意开车撞击致死，只留下一个受伤的九岁孤儿的瞬间，我们能不感到恐惧吗？

当我们听到无休止的污蔑谩骂 “f---你中国人”或“滚回中国去”，当我们看到唐人街的建筑屡屡被带有仇恨信息的涂鸦破坏糟蹋，当家长在给孩子申请托儿上学时被明确告知不接受华人孩子入学时，我们能不感到义愤填膺吗？

当我们读到温哥华被命名为北美反亚裔仇恨犯罪之都的新闻时，当我们看到有人居然将剩下的咖啡泼在华裔店长身上，而且在法庭上仍是气焰嚣张，拒不认错的报道时，我们能不感到绝望吗？

但是，恐惧、愤怒、绝望，不应该属于真正的加拿大。

加拿大是一个美丽的国家，是一个充满希望的国家，是一个值得每一个公民尽力奉献的国家。但是，种族主义和种族歧视就是长在这个国家身上，尚未根治的毒瘤，它不断复发，不断作恶，不断的侵害着每一个加拿大人。

今年的加拿大国庆节，不管你是用何种方式过节，都应该是一个重新反思作为一个加拿大人意义的绝好机会。

只有根治毒瘤，才能让加拿大更健康，更伟大。华人朋友，我们又能一起做点什么呢？

（原文发表在《高度周刊》2021 年 7 月，本文有修订）

国庆烟花，到底照亮了什么？

“七一”是加拿大的国庆日，从东海岸到西海岸，再到北方海岸，各式各样的庆祝活动延续不断。庆祝的高潮，可能非夜晚的国庆烟花莫属。

为了能看到烟花绽放的最佳效果，很多加拿大人，携家带口或亲朋相约，陆陆续续，提前来到了燃放烟花的海滩、湖滨，一边享受着夏日户外与家人欢聚的美好时光，一边等待着日落以后，国庆烟花绽放时刻的到来。

太阳逐渐西坠，仿佛在远远的地平线上，点起了一盏巨大无比的孔明灯，把天空染成秋天枫叶的颜色。夕阳倒映在水面上，把水面也染成了金黄色。

人们贪婪地欣赏着大自然的美景，却没有注意到，夕阳把他们的身影，悄无声息地拴在了身后。这身影越来越长，在地面上形成了一个奇特的视觉冲击。

夕阳下人群的身影，像极了中国剪纸艺术。只见长长短短的，胖胖瘦瘦的轮廓，不管人们本来的肤色是深是浅，呈现的都是影子本身的颜色。

这让我想起了英国作家蕾秋·乔伊斯在她的长篇小说《一个人的朝圣》中的一句话，“每个人都一模一样，而且都是独一无二，这就是人类的困境。（Everyone was the same, and also unique; and this was the dilemma of being human.）”

其实，芸芸人群里有各种肤色，操着各地方言，崇拜各自神灵。而把这些独一无二的个体共同集聚在一起的原因，就是他们都称这片土地为自己的家，一起等待着国庆的烟花绽放。

夕阳下人群的身影，也像极了柱状统计图，高低错落，展示着社会发展的趋势变化。

156 年前，加拿大在 1867 年建国时人口还不到五百万。1894 年，全国人口才第一次达到 5 百万。

近百年来，加拿大人口几乎呈线性加速增长，达到第一个一千万的时候是 1929 年。过了 37 年，也就是到 1966 年，全国人口突破两千万。再过 31 年到 1997 年，人口超过了三千万。最近的第四个一千万人口增长，只用 26 年时间。

数字果然会说话。加拿大作为一个开放，包容的国度，一直是张开双臂，欢迎来自世界各地各类人士，加入这个大家庭。

但是，纵然是一个开放和包容的加拿大，也有歧视和排斥的一面。

夕阳下人群的身影，更像极了铁轨的枕木。小孩子在大人的身前身后奔跑嬉戏，仿佛给枕木连接的铁轨加上了动画效果，铁路开通了。

1885 年，由一万七千多华工参与建设，约一千二百名华工为此捐躯献身的加拿大太平洋铁路正式建成通车，由此连接了加拿大联邦的东部和西部，形成了加拿大这个国家今天的模样。

在铁路开通的次年，加拿大单独针对华人开征了“人头税”，以限制华人入境。到 1923 年，更是变本加厉的通过了“排华法案”，彻底禁止华人进入加拿大。一百年前的七月一日，排华法案正式施行，直到 1947 年才被废止。

所以，在那个时期，华人社区是视七一为“侨耻日”，抵制过加拿大国庆。

一百年前，在加拿大云城华人社区流行着这样一首歌曲："毋忘七一"。原曲已失传，粤语歌词是这样的：

七一到
心闷遭
怕佢把例來加火
捉我同胞作开刀
虐受四三条苦楚
实难报
记念在胸牢
发奋为雄除白祸
伸仇雪恥望吾曹

所以，2023 年的加拿大"七一"注定是与众不同的。

6 月 23 日在渥太华国会，隆重举行"排华法案"一百周年纪念活动，不忘历史。这首一百多年前的"毋忘七一"，由温尼伯华人女作曲家 Ashley Au 重新作曲，在庄严的加拿大联邦参议院议事厅，合唱团重新演绎了这首歌曲。代表卑诗省的加拿大联邦独立参议员胡元豹先生特意把歌词翻译成了英文：

The First of July is just ahead,
Our hearts are filled with mortal dread.
Because of a law which lights a fire
That will sever compatriots caught in its ire.
How can we begin to express the pain
Of 43 clauses that leave us slain.
We will remember, and with all we can muster,
Rid ourselves of this white-led disaster.
We will strive to remove the yoke,
To right the wrongs against our folk.

6 月 24 日在国会山，三千多来自全国各地的华人集会游行，发出了华人社区要求公平公正，不被歧视的吼声。

6 月 30 日，全国第一个华裔博物馆在云城唐人街正式开幕。从此，可以让加拿大华人故事产生共鸣，推动全民包容，通过在整个卑诗省和加拿大的展览项目，提供充满活力和全新的体验，为现在和未来带来不可忽略的启示。

夕阳下人群的身影，还像极了城市的天际线。随着夕阳西坠，身后的人影越来越长，仿佛象征着城市在长高。多伦多、蒙特利尔、温哥华，各地的摩天大楼不断地刷新着新的高度。

也许应验了人多好办事。人口的增长，固然是各地起高楼的重要原因。加拿大经济的持续发展，市场的机会，也应该是城市长高的原因之一。

而真正能使这个国家繁荣富强，永续昌盛的，是离不开所有加拿大人的共同努力，特别是不能允许曾经发生在华人身上的歧视和不公，再次发生在任何族裔的身上。

忽然，“轰隆隆，啪啦啦”，只见无数烟花不断地升空，如孔雀开屏，天女散花，似火树银花，群芳争艳。

五颜六色的烟花点亮了天空，也照亮了大地。把原先人影剪纸，染上了七彩缤纷。把原先单调的统计柱图，点缀了显眼的历史节点。把原先的枕木铁路，增添了鲜艳的时代色彩。也把原先的城市天际线，挂上了一串串珍珠项链。

国庆烟花照亮的，不正是加拿大的美丽和魅力吗？

（原文发表在《高度周刊》2023 年 7 月，本文有修订）

在加拿大过洋节

每个人，都会有一些特殊而有意义的日子值得纪念。每个家庭和社会也是一样。

出生、入学、就职、结婚、退休、故世，一个个里程碑似的日子里，一个人就完成了从摇篮到坟墓的人生轮回，有长有短。

一个家庭，则是将其每一个成员，包括父母和先辈，一些特殊、有意义的日子，排列组合为一个大集成。它不会因为某个成员的人生轮回完成而结束，相反，而是不断延续传承，有本有源。

每个家庭所在的地区、国家，更会有一些法定，或约定俗成的节日、纪念日，比如华人的春节，西洋人的圣诞节，国际儿童节，有声有色。

2000 年 11 月 10 日，是一个非常特殊的日子。那年，人类历史进入了 21 世纪，那天，我们全家登陆了被世人称为最适合人类居住的地方之一，而被本地华人感叹好山好水好无聊的温哥华。多年以后，我在这里还遇到了杨绛先生的家族后人，回想起来，这里也许是一个和钱钟书先生笔下的《围城》有某种联系的地方。

那天，一架大型民航客机，越过太平洋缓缓飞来。像大字一样展开的机翼，仿佛鲲鹏的翅膀，随着气流颠簸，微微地上下振动着。翘立的机翼尾梢，在气流中划出一左一右两道长长的、淡淡的银色气雾，在金色的阳光照射和蓝天白云的衬托下，犹如嫦娥舒袖起舞。

随着飞机起落架轮胎触及机场跑道的那一瞬间，只见地面上冒出一簇白色的烟雾，就像鸣响了迎宾的礼炮一样。这是要迎接我们这跨世纪的一家子吗？还是想给我们正在开启的移民融入之路预示着什么？

当年大学的同班同学，亲自开着大容量的美制轿车，轻轻松松地，就把我们一家三口的所有行李、家当装进了后备箱，把我们接到了家里暂住。进门没多久，从未见过面的两家孩子们，已经挤在一张沙发上看动漫片，聊奥特曼了。

第二天是星期六。朋友不用上班，朋友家的孩子不用上学，我家的孩子还没学可上。大家本可以好好做个加拿大梦，再睡个自然醒。也许是闹时差，我却醒得特别早。磨磨蹭蹭，吃完早餐，朋友带着我们出了家门，去街上逛逛。

路过一家街坊小超市，进去买了一份当天的报纸，居然还是中文的。然后，又经过一个社区绿地大草坪，看见上面聚集了不少人，男男女女，老老少少，有些还穿着制服，几乎每个人的胸前，都佩戴着一朵鲜红色的小花。

原来，这里是一个社区公园，正在举行一个什么纪念仪式。上午 11 点左右，只见所有人都静立致敬。

回家翻开报纸一看，才知道，那天正巧是加拿大的“阵亡将士纪念日”，也称作“国殇日”。人们最初把它称为“停战纪念日”，因为 1918 年 11 月 11 日第一次世界大战交战方签订停战协议，1920 年，加拿大议会便通过了“国殇日”纪念法案，规定每年的 11 月 11 日上午 11 点，为法定纪念阵亡将士的特殊时刻。传统的仪式年年延续，也不断提醒人们记住战争的恐怖，更要拥抱和平的祥和。

只见人们胸前佩戴着一朵小红花，听他们说，这叫

Poppy，查字典一看中文翻译为罂粟花。[5] 我从来没有见过那种花，是那么的艳丽，中间有一个黑点，象征着被一颗子弹击中后，鲜血染红的一个伤口。每年的这一天，数以百万计的加拿大人佩戴着小红花，象征着永远不忘那些为国家献身和牺牲的人。

从报纸上，我还看到，第一次世界大战中，有逾十四万华工投身欧洲战场，奋不顾身地帮助英、法战士共同抗击德、奥军队的入侵。很多华工血洒异域他乡，从此不能再回祖国故乡。所以，我明白了，每年的国殇日，纪念的就是包括那些华工勇士在内，所有为了和平而牺牲自己的战士和勇士。

真没想到，刚登陆的第二天，无意中就过了第一个加拿大的节日，还是“国殇日”，从而接受了一次特殊的加拿大爱国主义教育。

更没想到的是，这还只是刚刚开始。加拿大各种各样的节日、纪念日，在随后的日子里，接踵而至。

尽快安排孩子上学是头等大事。有孩子的移民家庭，有几家不是为了孩子的教育而远渡重洋？可孩子上学没几天，他却高高兴兴地回家说，“明天是 Pro-D Day，不用上学了。”

什么 Pro-D Day？孩子都不用上学了？上网一查，才知道，中文叫“专业发展日”，是专门为中小学教师而设

---

[5] 就在整理出版本书书稿时，专门研究加拿大问题，并答应给本书写序的钱皓教授特别告诉我，那小红花应该是虞美人。原来，我好多年来，竟然傻傻分不清，错把虞美人当罂粟花。在此，特别更正道歉。凑巧的是，就在更正后几天，路过邻居家院子，看见正好有一株虞美人盛开着，真的是国殇日人们佩戴的一模一样的小红花。赶紧向西人邻居请教花名，她说：“Poppy”。再查字典，中文翻译为罂粟花，而虞美人是罂粟花的一个亚种。看来，有时候一个多义字，中西的解释、理解，就是这样千差万别。

立。学校停课一天，所有课程取消，教师可以在这一天的业务活动中，提高他们的专业能力，并与同事进行业务交流，而孩子们就只能停课在家，该干吗干吗。

再仔细一查，一年当中，居然有六天专业发展日。除去春假，暑假和寒假之外，几乎每个月都有一天。华人家长很是担心这六天的专业发展日，孩子无课可上，影响学业。而最惨的，是那些家中有十来岁以下小孩的上班族家长。因为这些小孩，还不到单独待在家里的法定年龄，家长不得不求爷爷告奶奶，请亲朋好友帮忙，相互轮流照看一天。

日历就这样一天一天地翻篇，很快就翻到了 7 月 1 日。

这一天对来自两岸三地的朋友来说，非常地特别。在中国大陆，人们庆祝建党节。在香港，民众纪念 97 回归周年。而在加拿大，几乎每个人庆祝的就是加拿大国庆节。

国庆节是一个国定假日。第一次过加拿大的国庆节时，我们举家出行，来到市中心的加拿大广场。只见身着红白相间服饰的人群，犹如人山人海，载歌载舞。当晚的漫天烟火，更像是银花火树。

这一天的所见所闻，我才恍然大悟，加拿大居然是一个“八零后”——非常年轻的国家。1982 年，英国女王兼加拿大女王伊丽莎白二世签署法令，将加拿大宪法修宪权移交给加拿大国会。至此，加拿大与英国的特殊关系才得以终结，成为完全主权独立的国家，7 月 1 日这一天才成为真正的“加拿大日”。

而在 1982 年之前每年的 7 月 1 日，充其量只能被称为“自治领日”（Dominion Day）。这是因为，加拿大联邦是在 1867 年 7 月 1 日，由英国在北美的三块领地合并而成，建立了一个英国名下的“自治领”，这一直延续到1982年。

尽管如此，加拿大人依然喜欢称1867年7月1日为建国的日子。所以，2017年，加拿大举国上下普天同庆，庆祝建国一百五十周年。也就是在那一年，我个人的第一本书也正式出版，专门为了纪念加拿大一百五十周年而作。

也就是在写作那本书的时候，我才了解到，加拿大华人在很长一段时间内是抵制7月1日“自治领日”。这是因为全面禁止华人进入加拿大的《1923年排华法案》，就是在1923年7月1日生效，加拿大华人社区从当时起，将“自治领日”视为“侨耻日”而拒绝庆祝，直到1947年，排华法被废除为止。

2023年的7月1日，是这个充满极端种族歧视的排华法出笼一百周年。从东海岸到西海岸，加拿大华人社区，以各种各样的形式反思这个特别的日子，写文章、开座谈会、社区集会。

有幸受邀赴首都渥太华，我参加了2023年6月23日在加拿大联邦参议院举办的“反思排华法案颁布100周年”国家纪念活动。加拿大第一位原住民总督玛丽·西蒙阁下亲自出席仪式，致辞并为排华法一百周年纪念牌匾揭幕。第二天，我又亲眼见证了来自全国各地华人三千多位社区代表加入的“排华法案百年反思”国会山集会，听到了华人社区要公平、求公正的吼声。

其实，这已经不是我第一次来到加拿大首都。记得刚刚来到云城的头几年，对这个年轻的国家充满了好奇和期待。一年的冬天，兴冲冲就带着全家，专程飞到魁北克，参加魁北克“冬季狂欢节”（Quebec Winter Carnival），随后又领略了冰天雪地中，渥太华等东部城市的风情万种。在摄氏零下 30 多度的极寒中，感受着几乎超越人体极限的严寒之痛，也体验了加拿大人对冰雪的情有独钟。原来，超越舒适区，也会给人带来意想不到的兴奋和回忆。

日子飞快，转眼间，孩子已经从一开始盼着过万圣节，这样就可以穿上各种千奇百怪的装扮服装，到邻居街坊，挨门挨户地“Trick or treat”讨糖讨巧克力，慢慢地，变成期待着过圣诞节和春节，这时就会有五彩礼包和大红包到手。

就这样，在圣诞节和春节的轮替中，孩子长大了，毕业了，工作了，成了一位动漫师。孩子上班后第一年的圣诞节，孩子妈依然像往常一样，亲手准备了家庭圣诞大餐。但这次跟往常不同，倒不是因为妈妈做的饭菜更丰盛，也不是因为我多喝了一杯剑南春，而是在饭后，孩子从双肩包里，拿出了一个大信封。原来，孩子工作出色，拿到了升职通知书。

接着，孩子像变戏法一样，又从双肩包里拿出两个包装精美的圣诞礼物，一个给妈妈的，是美容护理用品，一个给爸爸的，是健康保健产品。

第一次收到孩子的圣诞礼物，自然是兴奋又欣慰。孩子实现了自立，学会了分享，明白了回馈，知道了祝福，更懂得了关爱。

这些，不就是我们千里迢迢，跑到加拿大来过节的意义吗？

（原文发表在《高度周刊》2024 年 1 月，并获首届“我的移民融入之路”征文大赛优秀奖）

墙里？墙外？

三月的云城，没有江南水乡的柳絮如烟，但见左右街坊的樱花斗妍。

一个星期天的早晨，太阳已经三竿高了。白云飘来又飘去，阳光也是时隐时现，忽阴忽晴，就像画家在下笔之前，正在调试着水彩颜色的明暗；又仿佛是摄影师在调整着光圈，测试着曝光的瞬间。

路边青青的草坪上露珠还在，细如绒毛，在若隐若现的阳光下闪亮，透明，圆润，依然不肯消退。

独自一人，在开满樱花的人行道上健行漫步。对面是一所学校，儿子年少时就在这里读小学。那时候，每天送孩子上学来的时候，学校操场上，都是各种肤色的孩子们，你追我赶，叽叽喳喳，嬉笑打闹的场景，至今历历在目。如今已放春假，校园里却是静悄悄的，只有操场四周的樱花树，依然如期而开。

再往前走，街角有一幢建于上世纪初，现在看起来很不起眼的两层楼灰色老房子，外墙油漆早已经剥落，修补，又剥落，再修补，似乎成了印证一个多世纪来风风雨雨的年轮。老房子楼上依然有人居住着，楼下却是一家咖啡馆。门面上的白漆显然是新刷不久，沿街转角的墙面，装了落地玻璃窗，倒也算是窗明几净，门口玻璃上店家的招牌，清晰可见。与那些连锁经营的大品牌咖啡店不同，这是一家以人名为招牌的夫妻老婆店。

2015 年开业时，店主马克（Mark）和伊沃纳（Iwona）以马克曾祖父吉吉·布林（Gigi Blin）的名字命名了这家新开的咖啡馆。布林老先生差不多就是当年建造这栋老房子的年代，在意大利威尼托大的波谷地区长大。老先生是一个干农活的好把式，尤其是他种的西瓜，是当地最好最出名的。店主用曾祖父的名字为招牌开咖啡馆，显然就是要秉承家族精神，用家族前辈以往成功的方式创业做事，不忘初心，没有捷径，保持正直。

虽然开业时间不长，但这家咖啡馆一直为当地社区提供咖啡饮料、烘焙食品和手工杂货，深受社区人士喜欢。而将一栋世纪历史建筑和百年家族传承有机结合，无论是外观视觉还是内心感觉，这家咖啡馆，就像多少年来一直是社区跳动的脉搏一样。

走进咖啡馆，满屋的香气扑鼻而来。屋内再生木材内部装饰得温馨，透过大玻璃窗照射进来的阳光，令人倍感惬意。我点了一杯心型拉花拿铁，在紧靠大窗户的长桌边坐下，打开了一本书，开启了开心阅读的时光。

出门时，随手从书房待读的书堆里拿了一本稍薄的书。此时坐下一看，是一本英译本美食散文集，书名叫《寻味东西》。作者中文名字叫邓扶霞（Fuchsia Dunlop），是一位英国女作家，研究中华美食二十多年，还曾去四川成都，专门研修川菜，所写的书和散文，都带有浓浓的辣椒和花椒的味道。

邓扶霞在书的序言中这样写道，“我从事写作，主题是食物。…我就是纯粹地喜欢吃中餐、做中餐和思考中餐。但我的工作也将我带入两堵‘偏见之墙’的中间地带——一堵墙是西方对中国的偏见，另一堵墙是中国对西方的偏见。我身处两堵墙之间，得以看清两种偏见都是根基不足，谬以千里。”

她所说的西方对中国的偏见，是指西人对中餐的刻板印象——“廉价”“怪异”和“不健康”。她所说的中国对西方的偏见，同样是指中国人对西餐的偏颇认知——“简单”“乏味”和“吃不饱”。

她还在书中举了很多活生生的例子加以说明，我读着读着，不时会心一笑。因为这么多年来，自己在不同国度和文化氛围中学习和生活，对处在两堵“偏见之墙”中间的观察，感同身受。

记得早年在欧洲留学那阵子，本来就喜欢家乡的臭豆腐，学会品尝奶酪并不是一件很难的事。一听到母亲老家的红膏呛蟹就会垂涎欲滴，竟然对俄罗斯鱼子酱也同样照单全收。但是，并不是每个人都会有那种视“腐烂”为“发酵”的心态。这也难怪，每当夫人下厨请留学生同学来家里吃饭的时候，“其实最爱国的，还真是咱的胃！”几乎成了大快朵颐前的“Bon appétit”。

这种“爱国的胃”现象几乎无处不在。后来在卑诗省做招商引资工作时，单位里经常要接待来本地投资考察的各国企业家。每次招待中国客人时，都是一个繁复的系统工程。从预算经费到预定菜单，前盘、主菜、甜品三件套，单位里西人主管同事费尽心机，煞费苦心。但是，华人企业家们在主菜还没上齐全，就已三三两两相约，悄悄然离席，奔皇帝蟹、烤羊肉而去。好心留下的几位，端起碟子，用刀叉把盘中餐直接扒拉进嘴里的“光盘”样子，真恨不得这五星级酒店餐厅的地面上，也能长出一条缝来。

其实，西人也有“爱国的胃”。我在西门菲莎大学工作时的老板，是一位西人教授，对中餐也算得上是情有独钟。每次大考结束或毕业典礼完毕，都会约上几个得意的学生和要好的同事，一起到山脚下的一家粤式中餐馆聚餐庆祝。

等菜上来一看，咕老肉、柠檬鸡、酸辣汤，几乎都是酸溜溜、甜兮兮糖醋味型的菜。确实，这些菜肴，单吃都挺美味可口下饭，但一桌菜合在一起，全是一个糖醋味，是否有点单调乏味？

有一次，与西人教授一同前往香港出差。香港的粤菜美食，名扬天下。早晨的饮茶，更是独步天下，不可错过。两人欣欣然进茶楼，入餐座，点美食，品佳茗。忽然，教授招呼服务生，要了一个可乐，外加一杯冰水。看着教授喝一口冰可乐，吃一口蒸虾饺的样子，是不是也很有点别样的味道？

其实，刻板印象不只是发生在中餐和西餐之间。在多元文化氛围的地方，都会有“偏见之墙”的存在。当有西人走进中餐馆，看到只写着中文的菜单，难怪会到市政府去告状，要求制定店内使用标准语言的市政附例加以管制。而当中餐馆把“chicken without sexual life”——童子鸡，“husband and wife’s lung slice”——夫妻肺片印在菜单上时，难免满地都是人的下巴。

时间飞快，一会儿工夫，太阳已经正头顶了。

这时，只见一只秋田幼犬和一只金毛幼犬，并排坐到了咖啡馆玻璃窗外的长凳上，晒着太阳，怯生生地相互观望着彼此，而两家宠物的主人们似乎在津津乐道地讨论着彼此的育“儿”经。

确实，破墙开窗，让彼此看见、认识、了解、欣赏，这不仅是咖啡馆开店经营之道，更应该是街坊邻里相处的好味道。

这家老房子里的咖啡馆，最有味道的还是转角墙面上的那一排大玻璃窗。

（原文发表在《华侨新报》2024 年 6 月）

铭记他们的名字，就是对华裔最好的认可和称赞

翻开加拿大 150 多年的历史，华人似乎一直是被歧视、被排挤、被怀疑的阴影所萦绕，从“人头税”到“排华法”，从“怪兽屋”再到“X 病毒”。

但是，近日的一则以华裔命名路名的新闻，及其这个新闻所带出的一系列以华裔命名加拿大地名的故事，或许可以稍稍抹去一丝这种阴影的困扰。

正如中国文化中有“慎终追远、民德归厚”的传统，西方文化中也有美国前总统林肯所言：“人人都喜欢获得认可和称赞”。所以，铭记他们的名字，就是对华裔社区最好的认可和称赞。

列治文的“吴警官路”和“吴警官广场”

2020 年 10 月 26 日，卑诗省列治文市议会宣布，为纪念因公殉职的华裔警官 Jimmy Ng，决定把该市中心两条规划新建的道路，以他的名字命名，一条称为“吴警官路”（Cst. Jimmy Ng Road），另一条叫“吴警官广场”（Cst. Jimmy Ng Place）。

Jimmy Ng （1970-2002）殉职时是列治文皇家骑警一名警官。2002 年 9 月 15 日凌晨，在执勤时，他的警车被一辆闯红灯的汽车拦腰撞毁，不幸殉职，年仅 32 岁。

Ng 是华人吴姓在港澳和东南亚地区的常用拼法。吴警

官出生于温哥华，是第二代华裔。他是家中的独生子，父亲是一位在列治文执业 40 多年的牙医。吴警官 1996 年加入警队，最初派驻在温哥华岛邓肯市，后来调派回列治文执勤，服务社区直至因公殉职。

吴警官殉职后，整个社区都感到十分震惊和难过。为了纪念这位殉职的年轻华裔警官，从 2003 至 2013 年，社区人士连续组织了 11 届以吴警官名字命名的街头冰球纪念赛，加拿大皇家海上援救队一艘搜救船，亦以 Jimmy Ng 命名。

2020 年市政府再次以吴警官的名字给当地的道路命名，就是对他为社区服务而献身的最好纪念。

其实，在加拿大一直有这样的习惯，就是以一些在加国历史上值得纪念的人名来给一些道路或公共场所命名。比如，在温哥华，除了以数字命名的道路之外，全市有 651 条街道，其中以人名命名的占了一半左右，包括最早从欧洲来的开拓者、英国的王室成员、加拿大的历史人物和政治人物、当时的大土地业主、杰出的女性、英雄的二战老兵和出色的少数族裔人士等等。

正因为如此，在加拿大各地，特别是华人比较集中的城市，不乏以华裔人士命名的路名或地名。

温哥华的“林思齐公园”和维多利亚的“林思齐环路”

在温哥华耶鲁镇紧邻福溪湾有一个令人叹为观止的市中心公园，它集各种社区休闲、运动设施于一体，同时享有福溪和耶鲁镇的美景。各种运动场地，及其四周绿树成荫，大片开阔的草坪非常适合放风筝。特别是夏日的周末，常常看见人们在阳光下嬉戏休闲，举办户外活动。在滨水区域，还有几个造型有趣的雕塑，供游人欣赏。

这个公园就是1995年以卑诗省前华裔省督林思齐的名字命名的——“林思齐公园”（David Lam Park），这是温哥华第一个以华裔命名的公园。在维多利亚大学以林思齐命名的学生宿舍区，还有条以他的名字命名的道路，“林思齐环路”（Lam Circle）。

林思齐（David See-chai Lam，1923－2010），加拿大商人及慈善家，1988年至1995年间出任卑诗省省督，是加拿大史上首位华人省督。

林思齐祖籍广东汕头，生于香港。早年在香港生活，并在嘉华银行任职。1967年他与妻女移民加拿大，在卑诗省定居，1972年成为加拿大公民。当时的林思齐经过一番艰辛努力，在房地产市场上赚取丰厚利润。

他还是一位虔诚的基督徒，晚年特别专注慈善公益，在加拿大和卑诗省热心捐款和支持文教发展，之后获委任为卑诗省督。他任内的主要贡献包括致力于推动当地种族融和，参与创立卑诗省勋章。

他的著名格言之一是，“你可以立法反对歧视，但不能以立法规范同情、谅解和善意。”

温哥华“陶黄彦斌径”和“陶黄彦斌公园”

在温哥华，有一条以华裔名字命名的街道——“陶黄彦斌径”（Lilian To Way），还有一个也是以她名字命名的公园——“陶黄彦斌公园”（Lilian To Park）。

温哥华以一名华裔女士的名字来命名街道和公园，就是为了表彰已故加拿大中侨互助会创始人之一，时任行政总监的陶黄彦斌女士（Lilian To, 1945-2005），社区人士亲切地称呼她为淘太。陶太协助新移民，推动多元文化融合所作出了突出贡献，她的名字已经成为包容性的代名词。

陶太是笔者来加拿大以后认识的第一位华裔社区知名人士。1999 年，我在西门菲莎大学移民研究中心做访问研究，师从研究中心主任、移民经济学教授德沃瑞兹博士（Don DeVoretz），专注研究华人社区的移民问题。

记得当年来到云城的第一个周末，我就跟随导师德沃瑞兹教授，来到位于华埠的中侨总部大礼堂——礼合堂，参加移民问题社区讨论会。在会上，有幸认识了陶太。在以后的几年当中，与她常常也有工作上的联系，对她干练专业和废寝忘食的行事风格深感钦佩，被她以架设文化之桥为已任，为少数族裔的权益而奔走呼号的使命感而深受感动。

1974 年，陶太在温哥华缅街一间仅仅三百平方呎（约二十八平米）的办公室里，开始了协助华裔新移民安顿的服务项目。数十年来，在加拿大三级政府和华裔社区的支持下，中侨在协助华裔和其他族裔的新移民，提供就业培训，辅导家庭、青少年、耆英等方面，都扮演着不可或缺的角色。

时至今日，中侨互助会已成长为在全加和亚洲地区拥有四十间办事处，五百多员工，数千名义工的大型社会服务机构。

1986 年陶太出任了中侨互助会行政总监，直到 2005 年 7 月因心脏病突发逝世为止。

当地社区对她毕生的贡献有目共睹。2016 年 7 月，温哥华市政府决定，将华埠中侨大楼旁的上海巷（Shanghai

Alley），增添命名为“陶黄彦斌径”，这也是温哥华首条以华裔人士命名的街道。

2017 年 4 月，温哥华公园局决定将新建在育空街和第 17 大街的社区公园命名为“陶黄彦斌公园”。这个公园就是在陶太生前居所的位置上规划改建而成。

正如公园局的命名决议中写道的，“此乃一美丽而活跃的公园；亦是庆祝她重要遗产之好地方。”

温市奥运村的“黄光远广场”

位于温哥华奥运村的“黄光远广场”（Milton Wong Plaza），是 2018 年温哥华市政府决定以华裔企业家、慈善家、前西门菲沙大学校监黄光远的名字来命名。

广场坐落在奥运村两只大鸟雕塑的地方，是市民休闲的好场所。

黄光远先生（Milton Wong, 1940-2011）在温哥华出生并长大，从 UBC 大学毕业后就开始了漫长而成功的商业生涯。他成立了自己的投资公司，后来被汇丰银行收购，并一直担任该银行董事长直至退休。他创立了全国性非营利组织 Laurier 研究所，致力于研究加拿大多元化问题。

他在创立国际知名的加拿大国际龙舟节中发挥了至关重要的作用，并且是“温哥华科学馆”（Science World），救世军，红十字会，卑诗省癌症基金会和基督教青年会的主要筹款人和顾问。1997 年，他亲自担任大会主席，促成了以“华粹展北美，商网联全球”为主旨的第四届世界华商大会，于 8 月在温哥华成功举行。来自二十多个国家和地区的四十八个代表团，逾一千三百位华商代表参加了该届大会。

黄光远先生还曾在 1999 年至 2005 年，担任西门菲莎大学的校监，也是该校 1963 年建校以来唯一的华裔校监。当时，笔者正巧在西门菲莎大学做研究工作，其间，通过导师的工作安排，有幸与黄光远先生认识交流。后来，笔者在加拿大亚太基金会任职期间，仍然有机会与黄先生及其后代家人有工作上的联系，受益匪浅。

“慈眉善目和温暖的微笑”，这是每个见过黄光远先生的人都会对此留下深刻印象。给我印象最深的，是他那特征性的微微翘起的下巴。也许是遗传基因的作用，他的后代家人几乎都有这个脸部特征——Chin Up（翘起下巴：振作起来）。

黄光远生前在艺术与文化、社会公义、金融业、社区发展及多元文化等多方面作出重大贡献，获各级政府颁发的荣誉多不胜数，包括加拿大勋章、卑诗勋章、卑诗商界名人堂，以及由温哥华市政府所颁发“城市自由奖”。

除此之外，2009 年，温哥华市中心的西门菲莎大学现代艺术学院新剧院落成，也是以黄光远夫妇的名字命名（The Fei and Milton Wong Experimental Theatre）。

当时的温哥华市长罗品信是如此表扬黄先生所作的贡献：“黄光远为温市贡献良多，实至名归，他的领导力、慷慨和奉献深入民心，激励了众人。”

市政厅的“韦业祖会议室”

从 2018 年开始，在温哥华市政厅一楼，有一个会议室是以一位华裔建筑师名字命名的——“韦业祖会议室”（Joe Wai Meeting Room）。

著名华裔建筑师韦业祖（Joe Wai, 1940-2017），于1940年在香港出生。他的外公1886年从福建三水来到加拿大，母亲在温哥华岛上的维多利亚出生，年轻时返回香港读书，就在那里结识了韦业祖的父亲。在香港出生的韦业祖，在那里接受初级教育，1952年返加，开始在加西上高中。随后在卑诗大学（UBC）建筑系就读。

大学毕业后，韦业祖前往英国伦敦市政府工作3年，为大伦敦议会负责设计可负担房屋。从英伦三岛返回加拿大后，韦业祖在建筑公司又干了8年。1978年，韦业祖着手创立自己的建筑事务所，距今已有近40多年历史。

作为加拿大著名华裔建筑师，他用毕生心血倾心打造华埠建筑，为华社留下丰硕遗产。他参与设计中山公园、“千禧门”、大温哥华中华文化中心，以及多个专为长者而设的社区房屋项目。中山公园曾获美国《国家地理》杂志，评为世界顶级城市花园。韦业祖也获颁发卑诗建筑学会终身成就奖，以及温哥华荣誉市民奖。

作为建筑学的过来人，韦业祖曾对后生谆谆教诲：“虽在西方学习，但不要失去中国根脉，不能切断悠久历史，不要抄袭照搬，要明白里面的精髓，同时融入本地文化里面。”

通向UBC的“黄滔大师纪念大道”

温哥华西区通往UBC校区的一段西16街路段上，在特拉法尔加街至布兰卡街之间，有一段约3.7公里长的路中心林荫隔离带。2018年，市政府将此命名为“黄滔大师纪念大道”（Master Toa Wong Commemorative

Boulevard）。

黄滔（Toa Wong, 1914-2015）是杰出的粤剧大师。祖籍禺北人氏。生前从事艺术工作八十多年，粤剧知识丰富，一直致力于提携后辈，在粤剧界深受敬重，桃李满天下，名声更享遍国际。

1960年，他获聘到加拿大教授剧艺，在振华声艺术研究社教诲不倦，弟子遍布北美及英伦。在香港时，文千岁、阮兆辉、钟丽容等亦曾受业门下。

在1997年曾到香港中文大学教授粤剧乐理。曾将自己搜集整理的粤剧文物，如戏服、绝版曲谱、书籍捐赠给世界各地博物馆，包括卑诗大学人类学博物馆、纽约华人博物馆、广州博物馆等。亦著有十三本粤曲教材《梨园话旧》。

温市西端区的“Jung巷”

温哥华市中心的西端区，与太平洋大道连接海滨大道，平行相邻的一条小巷，2018年就是以华裔女教师Vivian Jung命名的“Jung巷”（Jung Ln）。Jung巷东头与布勒街相连，路牌小字写着：“Vivian Jung | 突破种族隔离的教师”。

Vivian Jung（1924-2014），是温哥华教育局正式聘用的首位华裔教师。同时，她身兼多职——一个母亲、一位舞者、也是一名活跃于华人社区的志士。

作为公立学校的教师，Vivian Jung必须考取游泳执照。但在20世纪40年代，非白人是不被允许使用公共游泳池，更何况她是一位女性。为对抗这不公平的待遇，

Vivian Jung 和她的教师同事以及同学们发起杯葛游泳池的行动，以示抗议。

这个重要的举动成为后来废除公共场所种族隔离政策的开始。Vivian Jung 最后成功考取游泳执照，在 Tecumseh 小学任教长达三十五年。

Vivian Jung 的故事象征着只要齐心合力，便可以带来正面的社会影响。

温市中心联邦政府办公楼——“郑天华大楼”

2007 年，加拿大联邦政府宣布，将位于温哥华市中心布勒街 401 号的联邦政府办公大楼，命名为“郑天华大楼”（Douglas Jung Building），以纪念他对加国的杰出贡献。

郑天华大楼与笔者在原温哥华总部促进局任职时的办公大楼相邻。每天上下班都会从大楼门前经过，几乎每次都会对大门口的“郑天华大楼”标牌行注目礼。

郑天华（Douglas Jung, 1924-2002），是加拿大首位华裔和亚裔国会下议院议员。从 1957-1962 年间以加拿大进步保守党身份，出任温哥华中选区国会议员。他曾主动加入加军参加二战，为华裔争回了选举权，为加拿大华裔作出巨大贡献。

郑天华 1924 年 2 月 24 日生于加拿大卑诗省维多利亚市。他出生那年，正好是加拿大《排华法案》通过的第二年。所以，他一出生就失去了加拿大公民权利。他的童年成长过程中，亲眼目睹和亲身经历了各种华裔被歧视的遭遇。他晚年在接受媒体采访时回忆道，“你要了解那时加拿大是什么样子，根本不存在华裔加拿大人，即使华人在加拿大出生，也没有投票权利，不承认是加拿大公民，也不能从事某些职业。”

成年以后，郑天华就一直致力于为华裔争取平等的权利而抗争。1941 年底太平洋战争爆发，郑天华立即申请参军抗日，但由于没有公民身份而被拒绝。郑天华没有气馁，还是不断地争取。后来，由于盟军在东南亚战场失利，加拿大急需更多的包括懂华语的军人来扭转战局。因此郑天华才和其他近七百名华裔后生一起被征入伍，并在 1944 年 8 月，被派往亚洲前线对日军作战。

1945 年太平洋战争结束，郑天华回国后，联合其他华裔退伍军人，积极请愿要求恢复华裔的公民权利，特别是投票选举权，同时请愿废除《排华法案》。1947 年 5 月 14 日加拿大正式废除了《排华法案》。

后来，郑天华用退伍军人基金进入了 UBC 大学深造，1953 年毕业，获得法律学士，1954 年考取卑诗省律师执业牌照。1962 年他被任命为移民上诉委员会法官。

在政坛上，郑天华 1950 年加入联邦保守党，1957 年当选国会议员，并受命担任加拿大驻联合国代表。1990 年获加拿大勋章，1997 年获卑诗省勋章及加拿大军人勋章。

维多利亚市的“李梦九道”

在卑诗省府所在地维多利亚市的唐人街上，有一条仅 176 英尺（54 米）长，连接菲斯加德街和百年广场的人行小道，以华裔翻译官、教育家李梦九的名字命名——“李梦九道”（Lee Mong Kow Way），纪念李梦九对侨界教育和跨文化理解的贡献。

李梦九（Lee Mong Kow，1861-1924）出生于中国广东番禺。他于1880年左右从大清中国抵达加拿大，任职加拿大海关及移民局首席通译长达三十多年，肩负华洋沟通之重任，成为华人社区与加拿大社会之间的重要纽带。

梦九公在担任官方翻译工作之余，帮助创办了加拿大第一所免费的中文小学“乐群义塾”（1899-1909），并亲自担任校长。1909年，他再协助兴建公立学校“中华学堂”（1909-1911），并任名誉校长十一年之久。1912年“中华学堂”改称为“华侨公立学校”。

梦九公不仅热心发展侨教，而且热心侨社福利，曾任维多利亚中华会馆九届执行理事，可谓不遗余力，备受敬仰。

李梦九于1920年移居香港，出任加拿大太平洋服务有限公司的中国代理。1924年在香港去世。

多伦多的“陆郎毅路”

位于多伦多市北约克区，有一条2015年新修的道路，就是以“陆郎毅路”（Helen Lu Road）命名，以此纪念一位服务当地社区四十多年的华裔社工——被人广为尊称为“义工皇后陆妈妈”。

陆郎毅（Helen Lu, 1931-2013）生于中国大陆，幼年和家人迁往台湾，1969年与家人移民加拿大。她先在联邦政府机构工作，退休后热衷为当地慈善组织义务工作，是当地知名的耆老照护中心颐康基金会的创会会员和董事，又曾担任安大略省心脏及中风基金会华人分会的创会董事，还投身大多伦多地区病童医院等多家医院担任义工。曾积极为亚洲、非洲、南美洲等地的自然灾害受灾者募捐。

陆郎毅四十多年为加拿大社区服务的无私奉献被广为赞誉。她曾经获得联邦政府颁授的女王金禧纪念勋章，荣获安大略省省督勋章，安省移民厅杰出成就奖，2010 年又被选为多伦多城市英雄。

陆郎毅去世后，多伦多市政府一致同意，将当地新修的一条道路命名为“陆郎毅路”，并于 2015 年 10 月 24 日正式揭牌启用。

别样的名称、同样的纪念——“菜园月牙街”及其他

除了上述以加国华裔人名来命名路名和地名之外，有些地方还很具有创意地用一些中国元素来命名的。

“菜园月牙街”（Choy Yuen Crescent），是温哥华市政府为正在改建的 Oakridge 商城区的一条新建街道命名，以纪念在 20 世纪 60 年代开始从国际市场大规模进口水果和蔬菜之前，本地华裔菜农为市场提供了新鲜农产品，保障本地食品供应所作出的贡献。当时，Oakridge 商城附近地区还都是农地菜园，华裔在此种植蔬菜水果，保障本地市场供应。

在温哥华的缅街和 18 街交界处，有一个“太阳希望公园”（ Sun Hop Park）。温哥华公园局以此命名，就是为了表彰在该地区创业发展的华人杂货店及其传统。在上世纪 20-30 年代，该地区的食品杂货店和果蔬批发商家超过一百五十多家，其中华人移民开办的高达到 80%，很多都保持至今。Sun Hop 公司就是其中有代表性的一家，因它

与英文 Sun Hope（太阳希望）谐音而入选。

在多伦多市中心湖滨美丽的音乐花园对面，有一条小道路名叫“马友友小道”（Yo-Yo Ma Lane）。

在万锦市华人聚居的地方，有一条以孙中山先生命名的街道，“中山路”（SUN Yat-Sen Avenue）。

在温哥华华埠，还有一个“中山公园”（Dr. SUN Yat-Sen Classical Garden）。

结束语

加拿大就是这么一个可爱的地方。虽然，政府官方对路名、地名的命名有严格的筛选标准和管理办法。但是，仍然坚持以各界对加拿大各地社区做出重大贡献甚至献出生命的杰出人士命名的方法来认可和纪念，充分体现加拿大的包容和尊重。

在加拿大各地，有这么多地方以华人的名字命名，显然就是从一个侧面对华裔社区的认可和称赞。当然，在大学、医院、企业或社会团体等民间机构，也有选择以杰出华裔人士命名的，那就更是数不胜数了。

其实，华人对加拿大贡献的点点滴滴，不只是记录在历史教科书里，也不只是陈列在公共博物馆里，而应在人们目之所及的生活里，更应在大家感同身受的心灵里。

美国黑人女诗人马娅·安杰卢（Maya Angelou）曾经这样写道，“人们会忘记你说过的话，人们会忘记你作过的事，但人们永远不会忘记你让他们得到的心灵感受。”

如果你在加拿大居住，节假日不妨带着家人，去这些华人命名的地方走一走、看一看，给孩子讲讲这些地名背后的故事和历史。

如果你不在加拿大居住，等疫情过后，请在加拿大旅游攻略上一定要加上这些华人命名的地方，去感受一下华人走世界的风采与精彩。

（原文发表在《高度周刊》2021 年 1 月，本文有修订）

赵钱孙李杨，不是替罪羊！

赵钱孙李杨，是华人百家姓中的大姓，通常泛指老百姓，即华人大众群体的代称。

随着一代一代华人移居海外，在海外生活的赵钱孙李杨也越来越多。而且他们大多数都保持着自称炎黄子孙的习惯，赵钱孙李杨也就成了海外华人社区的代名词。

而最近在加拿大，在某些记者、学者、政客的眼里、笔下、口中，针对华人社区的肆意抹红、抹黑、抹黄的妖魔化炒作，俨然把赵钱孙李杨，当成了加拿大各种与中国有关负面议题的替罪羊。

“斗士论”出笼

这场把华人社区妖魔化炒作的急先锋，恐怕非“斗士论”及其始作俑者莫属。

2020年春的一场前所未有的新冠疫情，突如其来，在中国武汉大规模暴发。当时，武汉的医疗物资和医疗条件严重缺乏，就连普通口罩都是一罩难求。看着家乡的亲人一个一个地被病魔击倒，看着忘我的医护人员佩戴着最简易的防护用品，冒着随时可能被感染的风险，没日没夜地与病魔抗争，许多海外的华人华侨，看在眼里，急在心里。

当时，一些居住在加拿大、澳大利亚、美国等世界各地的海外华人华侨，纷纷自发捐赠，或主动帮助购买数量难以想象的个人防护装备（PPE），为在祖籍国的亲人和同胞在一场史无前例的新冠疫情中提供力所能及的人道关怀和支持。

在加拿大华人社区内部，很多人积极行动起来，支援当时抗击疫情的最前线，而且，还有人投书当地有影响力的英文媒体，建言当地政府部门，呼吁全加拿大社会，采取更积极的措施，为中国提供医疗物资的人道帮助。因为他们明白，帮助中国就是帮助加拿大——在当时的情况下，只有把中国的疫情控制住了，才能把全球的疫情控制住；只有中国安全了，加拿大才能安全。

除了加拿大之外，世界各地华人社区，也都纷纷加入到这场史无前例的抗疫行动，因此得到了中文媒体的报道和肯定，称之为“每个海外华人都是抗疫斗士”。

但是这句话，却被别有用心的个别英文媒体记者，有意无意地篡改成了“每个海外华人都是斗士”。由此，以抹红华人社区为名，行抹黑华人社区之实的“斗士论”出笼了。

“斗士论”论据不实

在那篇臭名昭著的2020年的新闻报道及其后续的作品中，该记者通过所谓的新闻线索，通过利用充满创造性想象力并插入许多错误的假设，炮制出使人兴奋但令人可怕的“侦探故事”。

而这些“侦探故事”经常依赖于加拿大情报部门泄密消息和隐蔽的未透露姓名的消息来源，而不是作为其他记者可以验真、复核的调查报告。

在这些所谓的“证据”当中，有华人与中国政府访加代表团官员的合影，有网络论坛被断章取义的视频，有以偏概全的研究数据引用，有指鹿为马的莫须有指控。这种“侦探故事”是由刻板印象的偏见定论，而不是合情合理的逻辑推理，用充满政治极端主义，而不是客观新闻的方式来演绎推论，断言所有海外华侨华人，都是为中国共产党统战部门工作的“斗士”——“第五纵队。”

“斗士论”论证逻辑错乱

如果用“侦探故事”替代“调查报告”还只是论据不实的话，“斗士论”在论证逻辑上那就是破绽百出。

暂且放下该不该把抗疫作为一个国家的重中之重不表，即使积极储备个人防疫物资，就是中国政府的国家战略，即使这个战略就是由中共统一战线来组织进行的，在人道主义援助和政治行动之间，在个人自发努力和有组织安排活动之间，仍然可以作出区分和分别讨论。而“斗士论”却选择了混为一谈，混淆视听。

“斗士论”的三段论也存在着明显的逻辑缺陷。比如，在它看来，中国统战部门代表着中共政府，一些加拿大华人社区组织及其成员，似乎参与了在加拿大的中国统战部门的活动，因此，这些加拿大华人就是外国特工，是对加拿大的国家安全威胁。这在该记者 2021 年一本书的副标题中就昭然若揭。

“斗士论”的另一个逻辑缺陷就是滑坡谬误。“斗士论”的粉丝们认为，他们坚决反华反共。如果有人不同意他们的观点，这个人一定是亲华亲共。同理推断，如果有人在任何一个随机话题上，不要说是持有与北京相似的观点，甚至连“反华反共不坚决、不彻底”，这个人必然是北京的同路人，甚至是代理人。

“斗士论”的错误逻辑更是进一步走向极端：在它看来，攻击中国共产党政权在西方民主世界是天经地义，这不是种族歧视。攻击加拿大或其他各地的海外华人，就是是攻击中共政权的一种手段。因此，攻击华人就不是种族主义或种族歧视。

“斗士论”论点与加拿大价值观不符

这种“斗士论”歪理，不仅在论据上证据不实，在论证上逻辑不通，在论点上更是与加拿大的价值观格格不入。

当来自中国或世界各地的移民来到加拿大以后，在准备参加加拿大公民资格考试时，他们学习并接受了加拿大的民主原则和加拿大遗产和身份的基本特征，比如法治；思想、信仰、观点和表达自由；和多元文化，以及许多其他加拿大的价值观。

凡是参加过入籍宣誓仪式的人都知道，当人们宣誓成为加拿大公民的那一刻就已经承诺效忠加拿大，遵守加拿大的法律，和履行公民义务。

在一个法治国家，绝对不是记者，也不是政治家，而只有法官或陪审团才能判定犯罪嫌疑人或团体是否有罪。

在没有适当司法程序的情况下，将加拿大华人称为“犯罪网络的一部分”，这远远超出了基本新闻业从业规范和道德标准，更别说是否符合加拿大宪法的精神了。

同样重要的是，在一个维护人权和自由的国家，个人享有言论自由是一项神圣的权利，无论这种言论是亲北京、反北京，还是介于两者之间。

法国哲学家伏尔泰有一句名言："我不赞成你所说的话，但我会誓死捍卫你说话的权利。"[6]

因此，"斗士论"及其粉丝有一千个理由和一万个权利不喜欢中共或攻击北京，但他们绝对没有一个理由，也没有任何权利阻止他人表达不同的和独立的观点，除非加拿大法律明令禁止。

麦卡锡主义借"斗士论"还魂

当"斗士论"出笼以来，许多具有华裔血统的加拿大人——包括那些出生在加拿大，在中华人民共和国成立前，或从非中国大陆地区移民来加拿大的华人——都为被无辜当作替罪羊而感到恐惧，愤怒和绝望。

这一次，许多华人社区成员不再选择沉默，而是大声疾呼捍卫自己的权利和自由。他们以加拿大人方式抗议这种"斗士论"的无稽之谈，包括在网上签署请愿书，给新闻编辑写信，在报纸上发表评论，以及寻求法律援助，让该记者以最基本的新闻准则问责。

在一个尊重多样性和差异性的国家，个人特征如肤色、家族姓氏和与原籍地的情感联系，并不是做错事的迹象或证据，而是成为多元文化大家庭成员的重要标志。

看到加拿大华人社区的抗议，"斗士论"的粉丝再次颠倒黑白，暗示这些示威活动是由中共动员起来的，试图让加拿大记者闭嘴。他们继续开始"侦探"工作，调查参

[6] 但实际上是由伏尔泰的一位传记作者为反映他的想法而写的。

与抗议活动的个人，包括批评这一歪论的其他加拿大记者，试图杜撰这些抗议者与中共政府有这样那样莫须有的联系，含沙射影他们也是中共在加拿大秘密特工的另一个“侦探故事”。

“斗士论”就是这样如此舒适和愉快地擅长发挥麦卡锡主义“诽谤四骑手”的手法：恐吓、无知、偏执和抹黑。

如果有人认为，这种“侦探故事”、刻板印象的研究叙述和政治极端主义，与最近日益高涨的反亚裔种族主义和麦卡锡主义的复活无关，那么这个人一定是个白痴，因为他漠视事实，违反理智，背弃正义。

“斗士论”善以华人之手抹黑华人社区

其实，说“斗士论”专门攻击所有海外华人也是不公平的。事实上，它也善于赞扬那些志同道合的粉丝，包括一些看似华人名字的人。

在 2015 年一项有争议的房屋交易的研究中，一位华人姓氏的某高校研究人员，用温哥华西区几个街区成交的房屋交易进行分析，把所有看似华人名字的屋主，按名字拼法的英文化罗马拼写和非英文化罗马拼写（以中国的拼音方式）进行归类比较。他的研究发现，在样本中的一百七十二套房屋交易中，66%的购房者的名字拼写方式是中国大陆的。

他的研究似乎向公众表明，这些购房者可能是最近从中国大陆抵达的。而通过媒体的推波助澜报道，由此得出，是来自中国大陆的人和钱把温哥华的房价推到了本地人负担不起的水平。

由于这种关于“外国人买家”影响房价的过度概括，学者、媒体，政客就这样找到了房价不可负担的替罪羊——华人购房者。

外国人买家研究是在当时温哥华房价飞涨时发布的，政客和媒体争先恐后地希望快速找到一个回答，以回应公众的强烈抗议。

外国人买家是一个最合适的“背锅侠”。但当时的本地房地产交易不要求买家登记国籍信息，所以当时没有关于外国买家的真实数据。不能否认，以看似外国人的姓名作为一个外国买家的代理变量，无论是出于好心还是恶意，它绝对具有创意的开拓性思维。于是赵钱孙李杨，统统算作为外国买家的统计。

难怪这项研究被“斗士论”的粉丝们称赞为“无畏”。

无所畏惧什么呢？尽管一些社区人士和团体不断批评，这项外国买家研究单挑华人姓名的方式是种族主义的做法，但作者依然无所畏惧地为他备受质疑的方法论辩护。

除了该研究仅仅包括云城西区几个街区一百七十二套房屋交易记录的样本小，代表性差之外，以华人姓名拼写方式的不同，来假定其来加拿大时间的长短，这种方法论本身就有严重的缺陷和局限，而任由媒体将其研究结果解读为华人外国买家推动本地房价的不作为，这进一步暴露该科学研究人员本应具备的基本良知，正义性和同理心的缺失。

原因很简单。以本文合著者姓名的英文拼写为例，三位作者有两位保留了大陆拼法，另一位则入乡随俗用英文习惯拼写的。如果在上述外国买家的研究样本中出现的话，前两位将会归类为新来的大陆移民，而后者则被视为老移民。

恰恰相反的是前两位于 1986 年就来到加拿大，而后者稍晚在 2000 年来到温哥华。事实是，他们三位既不是新移民，更不是外国人。

坦白地说，仅仅以三个名字为例是一个很小的样本，可能无法准确地代表整个华裔人口，但这同样就是那项 2015 年外国买家交易研究的问题症结所在——几个街区一百七十二套交易的样本量不具代表性。我们期望作者能更新他当时具有“开创性”，但现在已经过时的外国买家研究，至少应该增加更多的样本。如果他对这个专题真的很认真钻研的话，也许可以包括爱因斯坦、穆罕默德、辛格或铃木等姓氏。

就是这样的研究，被“斗士论”用来证明，赵钱孙李杨就是加拿大社会问题替罪羊的“科学”证据。

“斗士论”对华人社区影响恶劣

从历史上看，中国移民在加拿大的定居可以追溯到 18 世纪末，远比 1867 年加拿大建国更早。几个世纪以来，一波又一波的中国移民在这个国家寻求生计，以避免出生地在不同朝代、政权下的战争、饥荒和人身攻击，或为了追求幸福、平等和自由。

许多来自两岸三地的华人移民，本来可以在这里过上平静的生活，因为他们知道，这是一个繁荣有希望的国度，这里的一切由法治和法制来维护。

他们本来也可以保持内心的平静，因为他们知道，加拿大社会不应因为个人的种族肤色，他们祖传的家族姓氏，他们与原居地保持的情感联系而生活在恐惧或危险中。

他们本来甚至可以保持情感的平静，因为他们相信，在加拿大多元文化的社区，每个成员平等生活，互相尊重。

但是，当他们看到，一位92岁高龄的华裔老人，颤颤悠悠的弱小身体被一壮汉故意推倒在地的时候，当他们看到一家穆斯林家庭，三代四口在一个夏日傍晚，到住家附近林荫街区散步时，被人故意开车撞击致死，只留下一个受伤的9岁孤儿，他们能不感到恐惧吗？

当他们听到无休止的污蔑谩骂，“F---，中国人”或“滚回中国去”，当他们看到唐人街的建筑，屡屡被带有仇恨信息的涂鸦破坏糟蹋，当有华人家长在给孩子申请托儿上学时，被明确告知不接受华人孩子入学时，他们能不感到愤怒吗？

当他们读到温哥华被命名为北美反亚裔仇恨犯罪之都的新闻时，当他们看到有人居然将剩下的咖啡泼在华人店员身上，而且肇事者在法庭上仍是气焰嚣张，拒不认错的报道时，他们能不感到绝望吗？

必须反击“斗士论”

对“斗士论”的反击，就是把华人当替罪羊的无端指责，要理论出一个是非曲直。其实，被当作替罪羊本身并不可怕，可怕的是被当替罪羊之后，仍然无动于衷。幸好，越来越多的华人开始明白这个道理，纷纷采取合法行动。

确实，恐惧、愤怒、绝望本不应该属于真正的加拿大。

圣经里说，爱邻如己。一位华裔年轻女艺术家，在 2020 年温哥华壁画节期间创作的一件壁画作品，就叫《爱你所有的邻居》。

这幅华裔艺术家的作品也许就是一个衷心的提醒——赵钱孙李杨，不是替罪羊。

让我们拥抱爱而不是仇恨，拥抱和谐而不是诽谤，拥抱希望而不是恐惧。

（原英文标题为“I'm Wong, Not Wrong”，作者半张，钱路，欧阳光伟，刊登于《佐治亚海峡周报》2021 年 6 月，本文有修订）

为了不能忘却的记念：反思加拿大“排华法案”一百周年

记忆是一个国家的灵魂，忘却则是国家的危险。

历史是我们前进的路标，忽视历史就是背叛未来。今天，我们来谈论的是加拿大一段令人痛苦的历史，那就是一百年前的“排华法案”。

此刻，我忽然想起鲁迅先生在1935年写的一篇文章，《为了忘却的记念》。文中他对中国传统文化和民族历史的遗忘和忽视进行了批判，并呼吁人们对于历史应该进行真正的反思和记忆。

如果时空可以逆转，鲁迅先生能够再现，在加拿大“排华法案”一百周年之际，他老人家又会如何下笔？

我想，他肯定会依然是如此开篇。“我早已想写一点文字，来记念一百年前的加拿大华人。这并非为了别的，只因为两年以来，悲愤总时时来袭击我的心，至今没有停止，我很想借此算是竦身一摇，将悲哀摆脱，给自己轻松一下，照直说，就是我倒要将他们忘却了。”

正像当年，他一定会依然用“记念”，而不是“纪念”。

在中文词典中，一般情况下“记念”与“纪念”同义，都有通过记忆或文字等方式把过去发生的人、事、物保持或记录下来的意思。相比较而言，“纪念”用的场合要比“记念”多，更强调的是一种怀念和缅怀。而“记念”则是强调记住和不忘，主要相对于“忘却”而言。

一百年前的“排华法案”，显然不是什么值得怀念和缅怀的东西，而是必须被记住和不忘的一段历史。鲁迅先生用“记念”而不用“纪念”，真的是精准得紧。

一百年前，在加拿大全民排华的民意和情绪下，联邦政府于 1923 年通过了《华人移民法案》，只要是华人，不管来自当时的中华民国，还是英籍华人，或全球其他地方的华人，都不准进入加拿大。只有少数商人、外交官、留学生和特别个案可以例外。

这就是臭名昭著的“排华法案”，它不只是针对当时中华民国的公民，而是专门针对黄皮肤黑头发的所有华人——不管你是保皇派还是维新派，也不管你是共和者还是共产者，更不管你是来自陆家嘴还是尖沙咀，统统不得入内。

这样，已经在加拿大的华人，连老婆、孩子都无法进来，个个变成了光棍。从 1923 年“排华法案”到 1947 年被废除，只有不到五十个华人被允许进入加拿大。

“排华法案”发生在那样一个时代，欧洲至上、白人至上盛行，种族歧视和排斥习以为常。华人作为有色少数族裔，面临着极端的不公平待遇和不公正对待。然而，我们不能仅仅将这段历史视为一个悲惨的故事，而是应该看到其中所蕴含的深刻意义和价值。

“排华法案”的出现表明，在过去，华人在加拿大遭受了严重的歧视和排斥，他们被剥夺了基本权利，包括居留权、投票权、购地置业和就业的权利等等。这种种族歧视导致华人长期处于社会边缘化的状态，无法融入加拿大主流社会。即使华人在加拿大建立了许多重要的社会机构，如中华公所和华人商会等，但华人在社会和政治领域仍然受到排斥。

我们常常天真地相信，在法律面前人人平等。但是请不要忘记，法律是人制定的。即使在一个法制齐全的社会中，法律也是由民选或钦定的立法者制定的。如果立法者被种族主义的幽灵缠身，被傲慢与偏见的民意左右，“排华法案”的出现就成为了历史的必然。

听听一百年前，在庄严的加拿大国会议事厅内，一位来自卑诗省的时任参议员，是如何对在场的国会同事们开诚布公的：

“在不到五十万人的人口中，我们有三万名中国人……他们对我们毫无用处；我们永远不能同化他们，也永远不会使他们成为加拿大人。你最好接纳与我们所属的种族更接近的人。中国人的思维方式与普通白人的思维方式完全不同。你无论如何也无法弄清楚中国人的思维方式。中国人在某种程度上确实是好公民。他们是优秀的家庭佣人和忠诚的劳工，但他们永远不会帮助我们建设一个令我们自豪的加拿大。”

有这样的立法者，有这样的傲慢偏见，“排华法案”的出现绝不是偶然。

当然，这同时也表明了多元文化的重要性。今天的加拿大已经成为一个多元化的国家，各种不同文化、族裔、肤色和信仰的人民在这里共同生活和工作，理应和谐相处。尽管歧视的幽灵不死，偏见依然固执，种族歧视和排斥必须被当今社会所唾弃和抛弃。

是偏见也好，是歧视也罢，在加拿大蒸蒸日上的历史进程中，谁能否认，加拿大在文化和经济方面取得的成功，不是因为依靠了多元化力量的支撑？谁又能否认，华人社区在加拿大的贡献和成功，包括商业、文化、科技和政治等各个领域，不是多元化社会的最佳例证？谁还能否定，华人不仅是加拿大的建设者，更是加拿大的建国者之一？

我们应该铭记华人社区对加拿大社会和经济的重要贡献，并在未来的道路上，更好地学会理解和尊重各种文化和社区，特别是经历过“寄宿学校”和“六十年代抱走孩子”遭遇的原住民社区，以及其他被边缘化的族裔。

“排华法案”的出现，还要提醒我们应该以真诚和公正的态度来面对已经过去的历史。我们当然可以原谅过去，但不能忘却过去。正视过去的错误，就是不再重复同样的错误。

我们应该记得，华人今天所拥有的，是过去无数先人的艰苦奋斗，甚至是献出生命才换来的，包括从建国时修太平洋铁路，二战时太平洋战役，再到当今跨太平洋贸易。我们需要感激和珍惜这一切，同时也要与国人一道反思历史的教训，不断向前迈进。我们应该坚信，只有通过了解和尊重各种文化和社区，我们才能创造一个更加美好的未来。

显然，在这个过程中，华人社区始终应该被看做是加拿大历史和文化中不可或缺的一部分。我们应该尊重华人社区的历史和文化，并通过教育和宣传等手段，让更多人了解华人社区的贡献和文化。在过去，华人遭受了不公正待遇，但他们并没有放弃，而是通过努力和奋斗，逐渐获得了自由和平等的地位。今天的加拿大已经成为一个文化多元化和包容的国家，这得益于历史的教训和人民的努力。

但是，近两三年来，疫情暴发、地缘政治博弈、局部战争、经济动荡，世界很多地方出现了大量针对华人和亚裔的言语攻击、身体攻击、排斥和歧视现象。

在这样的背景下，加拿大也不幸出现了一系列反华裔歧视的事件。你能相信吗，一个一直名列前茅的世界上最适合人类居住的地方，一个被称为亚洲之外最有亚洲风情的城市，竟然会夺得“北美反亚裔仇恨犯罪之都”之头衔？

研究发现，温哥华2020年有警方记录的反亚裔仇恨犯罪共有九十八起，比上一年增加了八倍，比美国人口最多的十个城市报告反亚裔仇恨犯罪的总和还要多。从2019年到2020年两年时间，温哥华反亚裔仇恨犯罪案增加了717%，在加拿大四个最大城市中涨幅最高。

加拿大国家统计局一份报告显示，在2020年新冠疫情期间，加拿大华裔社区遭受了大量的仇恨言论和攻击，其中涉及身体攻击和威胁的事件增加了50%。而首都渥太华，竟然是排名仇恨犯罪事件发生率第二高的城市，温哥华也高居第四。你能相信吗？

如果这些数据反映的还只是刑事层面的人身伤害，而更为严重的是排斥华人融入加拿大社会的杀人诛心。看当今的大小媒体头条，听各级政客的慷慨激昂，一个个仿佛中了魔咒式的歇斯底里，以反中反共为名，以打击外国干涉为突破口，以击落中国气球为亢奋，对在加拿大的华裔科学家，参政人士，甚至华人投票者进行针对性地任意抹红，抹黑，贴标签，含沙射影，甚至是蓄意中伤。

所有这些迹象表明，加拿大的“排华2.0”已经是山雨欲来风满楼，而且比一百年前的“排华法案”，更是得到了“麦卡锡主义2.0”的加持。这必须引起所有加拿大人的高度关注和强烈反对。

我们需要认识到，这种歧视和排斥不仅会威胁着华人社区的安全和尊严，而且会损害整个加拿大多元文化和社会的基本价值观和道德原则，也妨碍了社区的和谐发展。这是因为，对一个加拿大人的攻击，就是对所有加拿大人的攻击。

时代不同了，今天的华人社区，不仅有打工者，还有投资人；不仅有同乡会，还有同学会；不仅有落叶归根，更有落地生根；不仅有共和与共产之争，同样有共生与共赢并存。我们坚信，只有通过了解和尊重不同文化和社区，我们才能创造一个更加美好、更加和谐的未来。

也许，这也就是跨越时空的鲁迅先生会再次用“为了不能忘却的记念”这个主题，来铭记历史、珍视现在、展望未来。也“算是从泥土中挖一个小孔，自己延口残喘……”

因此，在“排华法案”一百周年之际，我们必须继续呼吁，社会各界关注和反对任何形式的歧视和排斥行为，坚持反对任何针对少数族裔的恶意攻击，维护人权和民主的基本价值观，才能真正实现一个公正和谐的加拿大。

（原文发表在《高度周刊》2023 年 3 月，本文有修订）

读《百年孤独》有感，加拿大的孤独轮回

1923 年 7 月 1 日，加拿大《华人移民法案》（也被称为“排华法案”）正式生效。

多年以后，面对一浪高过一浪的仇中反华舆论浪潮，加拿大华人将会想起一百年前的先侨们，在唐人街的残垣断壁旁椎心泣血道，“七一到，心闷遭，怕佢把例来加火，捉我同胞作开刀。”

一百年后的今天，很多加拿大的华人不禁要问，真的有“走不出”的孤独轮回吗？

1982 年诺贝尔文学奖获得者，哥伦比亚作家加西亚·马尔克斯的小说《百年孤独》，也许早已给了我们一个贴切的诠释。

《百年孤独》是马尔克斯的代表作，讲述了布恩迪亚家族七代人，在一个叫马孔多的地方一百年的兴衰历程，并以此象征着全南美，乃至全人类的命运跌宕。在这部充满魔幻现实主义的小说中，贯穿全书的重要主题当中，有两个特别引人瞩目，一个是人类的孤独，一个是历史的重复或者“轮回”。

这两个主题似乎让我们反思加拿大“排华法案”一百周年，也许再贴切不过了。

1923 年加拿大“排华法案”，不只是限制所有黄皮肤黑头发的华人入境。该法案还要求在法案生效的 12 个月内，所有已经在加拿大的华人必须登记注册。未能遵守登记规定就可能导致罚款、监禁或两者一并处罚。即使完成了登记，华人也面临着执法人员的持续骚扰，这些执法人员可质疑登记人提供信息的真实性。

这项法案是专门针对华人移民和华人社区的种族歧视政策，一直持续到 1947 年。它严重削弱了加拿大华人社区的发展和融入，导致了数十年的排华政策和对华人的不公平待遇，陷华人社区于孤独无助之中。

这项法案不仅影响了华人社区的命运，并造成了不一而足的伤痛，也在加拿大历史上留下了不可磨灭的伤痕，对加拿大的多元文化造成了不堪回首的伤害。这不能不引起每一个加拿大人深刻的思考。

从历史发展的角度来看，《百年孤独》和加拿大“排华法案”都是历史轮回的不幸例证。在小说中，布恩迪亚家族的衰落是由于他们重复了自己的错误，不断地犯着同样的错误，从而导致了一代又一代人的不幸。

而作为一个多民族多文化大家庭的加拿大，在 156 年的历史上，我们看到了不同的族裔和移民群体，在不同的时期受到相似的种族歧视和排斥。从“原住民寄宿学校”和“60 年代抱走原住民孩子”，到二战时期对加拿大日裔社区进行“敌国居民登记”，并最终把他们财产贱买，统统送入集中营，再到伊斯兰恐惧症和对黑人社区的偏见。

针对华人的歧视和排斥尤其歇斯底里。从“人头税”到“排华法”，华人屡屡成为百里挑一的替罪羊。特别是最近愈演愈烈的反亚裔歧视和仇外反华舆论，“外国劳工”，“外国买家”，“外国代理人”，“外国间谍”，或“外国气球”等等煽动性论调，背后的潜台词都是华人就是外人，就是“黄祸”。

表面上是攘外，实质上是扰内，是对国内少数族裔有选择性的无差别“家暴”，这难道不是系统性种族歧视的幽灵在作祟吗？这样的事件一遍又一遍地重复发生，却始终没有得到彻底和根本的解决。可悲！

从哲学思考的角度来看，“走不出”的历史轮回，是由于我们无法从过去吸取教训。我们也许看到了过去的错误和不幸，但我们却没有真正从中吸取到经验和智慧。在《百年孤独》中，我们看到了布恩迪亚家族许多人因为自负和错误而陷入绝境，但是他们的后代，却无法从这些经验中吸取教训，继续重复着同样的错误。

同样的，加拿大从政府到民间，在实施“排华法案”时也没有从过去的“人头税”等错误中吸取教训，相反，在对原住民和少数族裔的系统性歧视屡犯不爽。尽管“排华法案”到二战以后已经寿终正寝，但加拿大历来的欧洲至上和白人至上的幽灵，一直在九百九十八万平方公里的土地上游荡，阴魂不散。

虽然具体事件和涉及人物可能不同，产生理由和动机也可能相异，但在某种程度上，对华人社区的“特别关照”从来没有走开过。这种轮回也可能缘于人性中“孤独”的阴暗一面。

自古至今，人类社会中对非同类特征的一族，不管是基于人种民族、宗教信仰、文明程度、政治立场等等，都恨不得把对方边缘化、孤立甚至灭绝而后快。即使是在同一个族裔社群当中，这种“孤独”的阴暗面同样存在。在华人社区，有人自以为来自尖沙咀，就比来自陆家嘴的要高上一嘴，自以为来自大白山就要比来自长白山的更加拿大化。

记忆是一个国家的灵魂，忘却则是国家的危险。21 世纪，一个高度发达的文明社会依然不能吸取历史教训、客服人性中的丑恶。可怖！

再从民主政治的角度来看，历史的轮回，是因为政治家们没有勇气和决心改变现实、创造未来。他们缺乏对人民的关心和对历史的敬畏。在《百年孤独》中，我们看到了政治家们的贪婪和无能，他们只关心自己的利益，而不是人民的福祉，不惜把人民拖入无尽的战争之中。

在加拿大的例子当中，在当年种族歧视盛行的年代，政客们根本不会也不必站出来反对“人头税”和“排华法案”这样的种族歧视政策。即使在今天种族歧视为人不齿的时代，不少缺乏良知的政客，还是选择了迎合某些政治势力和利益集团，往往通过煽动仇恨和歧视来获取选票和利益。

在“麦卡锡主义 2.0”的加持之下，把华人社区，特别是来自大陆地区的华人，与共产党挂钩，与中共代理人画等号，就成了把华人再次孤独起来的最“行之有效”的伎俩。一颗几十美元的高空气球，就是外国威胁的实锤；一辆运送行动不便的老人家去投票站的华社义工巴士，就成了外国干涉大选的佐证；一次大选的败选，那就必然是大陆控制的微信群作怪。可怜！

但是，并不是所有的政治家都是这样的短视和自私。五十多年前，老特鲁多领导下的自由党政府，在 1971 年就制订了加拿大的联邦多元文化政策，使加拿大成为世界上第一个把多元文化主义作为国策的国家。1988 年通过的《加拿大多元文化法》更是世界上第一个此类法案。2006 年，保守党政府哈珀总理代表国会向缴纳“人头税”的华人及其家人公开道歉并赔偿。

加拿大显然不是一个乌托邦，但我们对加拿大的未来依然充满希望。可望！

回到《百年孤独》这个主题。虽然我们似乎无法彻底摆脱种族主义和歧视，但我们必须努力尝试打破这个“孤独”的轮回，追求包容性和理解。只有这样，我们才能创造一个更美好、更和谐的社会。

最后，让我们重温已故的加拿大伟大政治家，前新民主党党领杰克·雷顿的名言："朋友们，爱胜过愤怒。希望胜于恐惧。乐观总比绝望好。因此，让我们充满爱心、希望和乐观。我们将改变世界。"

（原文发表在《高度周刊》2023 年 3 月，本文有修订）

又到月圆时，市民在菲莎河边散步。

爷叔不响，宝总不响，华人社区不能不响！

“不响”，就是不说话，不发声，就是沉默。

最近很火了一阵子的电视剧《繁花》，对不响及其背后，无声胜有声的奥妙，做了多种诠释。这对加拿大华人社区也许是一个很好的警示。

金宇澄老师，写不响。在《繁花》的题记中，他写道：“上帝不响，像一切全由我定……”。有人统计过，原著中居然有一千五百多处“不响”。

王家卫先生，导不响。在他看来，“不响”不代表沉默，而是一种留白。

剧中爷叔，讲不响。他有这样一句台词：凡是我不想讲的、不能讲的、讲了为难自己、为难别人的，那就不响。

剧中宝总，演不响。他把“不响”应对商场对手的“响”和“乱响”，演绎得活灵活现。

所以，不响，除了美学意义上的留白之外，一般在国人的眼里，就是一种各人自扫门前雪，休管他人瓦上霜的明哲保身。抑或，不响也是一种忍一言风平浪静，退一步海阔天空的处世哲学。也许，不响还是一种闷声不响发大财的人生大“智慧”。

可见，国人向来都认同沉默是金，深懂祸从口出。这也许是国人，受世世代代的熏陶，教训和习惯使然，还很自鸣得意。

到了海外，华人确实也一直是当地社区里，少有发声的一个群体，有事没事都不响。遗憾的是，加拿大这样的西方民主社会、政治体制，不吃“不响”这一套。

很多有识之士，看在眼里，急在心里。一而再，再而三地呼吁，华人社区要觉醒发声，别装睡沉默，绝不能缺席，当局外人。

因为，这些有识之士看到，不响或不能响的代价实在太沉重。

历史上，正是因为华人社区不响，我们曾受到“人头税”独一无二的“待遇”。正是因为华人社区不响，我们曾遭遇了《1923年排华法》绝无仅有的对待。正是华人社区不响，华人投票权曾被扔进了立法者的废纸篓。正是华人社区不响，有偏见的政客和媒体人就敢指鹿为马，说我们是“外人”就是外人、是“内鬼”就是内鬼。正是华人社区不响，种族歧视者就敢把咖啡泼在我们同胞的脸上，还叫我们“滚回去”。正是华人社区不响，列治文市议会才敢把“安全注射屋”，想建哪就建哪。

谁叫你不响？

现实中，虽然不能简单地说，会哭的孩子有奶吃，但是，加拿大确实是一个谁“嗓门大”，谁就说话的体制。

所谓“嗓门大”，首先是选票会说话。在一个民主法治社会，民众有权在大选时，一人一票，选出各地区民意代表，代议国家和地方的大政方针和公共政策。比如，要不要加税，要不要打仗，要不要限制某类人士入境，要不要批准毒品合法化等等，全部在立法议会中，由当选的民意代表投票决定，然后成为法律执行。

如果不响，会怎样？

在一个简单多数的情况下，假如这个社会中有100个人，其中有一个人不响，那其余的99人中，有50%以上的人支持，也就是50个人就能决定某个候选人的当选，或某项政策的通过。

如果有 10 个人不响，那其余的 90 人中，只要 45+1 个人，就能说了算。如果有 20 个人不响，那其他的 80 人中，只要 40+1 个人，就能说啥是啥。

以此类推，不响的人越多，这个国家的命运，政策的走向，就越集中在少数“响”的人手里。

谁叫你不响？

当然，钞票也会说话。因为民主是有代价的，选举是很花钱的，谁的经费越充足，谁的“嗓门”就越大。任何政党、候选人都离不开社区的支持，包括选举经费支持。

但是，这里的钞票说话，其实与华人平常熟悉的，“只要是能用钱解决的问题，就不是问题”的说法，还是有天壤之别。一是所有政治捐款，必须完全按照法律规定进行，不可逾雷池一步。

二是要合理利用当选的政党、候选人投桃报李的“潜规则”。但是，千万记住，这个潜规则，只能适用于社区和团体利益，而绝不是为个人沽名钓誉，否则可就走远了。所以，在政党和候选人募捐时，要多与候选人沟通互动，明确表达什么是社区支持的政纲，什么是社区坚决反对的红线。

然而，各级政府选举，一般是四年或五年一次。平常政府出台的立法政策或行政措施，社区又如何发声，表达意见呢？

其实，除了通过选票和钞票发声之外，华人社区在加拿大民主法制体制的发声通道和方式有很多种。比如，2023 年 6 月 24 日在国会山，三千多名来自全国各地的华人集会游行，反思“排华法案”一百周年，发出了华人社区要求公平公正，不被歧视的吼声。

又比如，2023 年春天，由华人社区活跃人士发起的加拿大议会 e-4395 的网上请愿，支持加拿大政府严格管理外国对加拿大选举等内政的干涉，支持完善现有的相关法律，同时要求联邦政府慎重对待，新立法可能对社区产生未预期的负面影响。联邦政府对此也做了正面回应。

再比如，华人社区的一些有影响的团体，积极参与卑诗省政府的反歧视立法和省警务立法的社区咨询。通过召开社区座谈会等多种形式，收集华人社区关心立法优先议题，和其他建设性的建议。

还比如，华人社区的一些专业团体，定期与各级政府行政首长，或反对党领袖的政策座谈会，探讨竞选政纲的落实，或了解未来可能的政策选项，同时提出社区的集体诉求和有代表性建议，这也是一种积极有效的发声方式。

所以，华人的习惯性不响，固然有其各种各样的原因。呼吁华人同胞积极发声，必不可少。但这还远远不够，华人同胞要知道，在加拿大，不响是没有生路的，我们已经不能不响了。

从今往后，还要习惯成自然，不再不响！

（原文发表在《高度周刊》2024 年 3 月）

书挡不住子弹，但可以见证！

人是很容易遗忘的，所以我们常说，好了伤疤忘了疼。

但是书却不会。人类从绳结记事，到甲骨文、羊皮书，再到现代的纸质书籍、电子书，无不记录了自己的生活经验，传播着自己的认知思想。

有时候，书还会以一种非常特别的方式，提醒我们，不要好了伤疤忘了疼。

金秋十月，一个秋高气爽的周末，与当年在荷兰一同留学的校友，重游西雅图的华盛顿大学校园，打卡号称哈利波特世界的 Suzzallo 图书馆。

轻轻地走进静寂的阅览室，瞬间就像遁入英国作家 J·K·罗琳笔下霍格华兹的世界。

打卡少不了摆拍，随手从书架上取下一本书，信手翻开一页，摆出一副像是在图书馆里认真读书的模样。

拍完照，却被随意翻开的那页，上面的一行小字给吸引住了。

"The road was long and dark,
And it was weird to be alone in Holland
At midnight on this road…"

翻译成中文来讲的话，大概就是：

"路又长又黑，
半夜一人独行
在这荷兰的小路上，是如此诡异……"

这短短的一句诗句，居然有三个关键词吸住了我的眼睛：荷兰、独行、诡异。

荷兰是这次一同去西雅图同行校友当年的留学之地，又是我正在进行的一部新小说写作中，故事的发生地。

独行是因为我们当时都是远离父母，独自行走看世界，曾走过荷兰这一站。

这为什么会是诡异？令人好奇。

翻到封面一看，书名是《反对遗忘——20 世纪见证诗歌集》，由美国诗人卡罗莉·福什编辑而成，于 1993 年出版，居然是一本三十年前的老书了。

诗集汇选了一百四十五位世界各地诗人的近五百首诗歌，讲述了上个世纪，人类经历的各种战争和相互屠杀，由此造成的蹂躏，灾难和牺牲。

亚美尼亚种族灭绝（1909-1918），第一次世界大战（1914-1918），苏联的革命与镇压（1917-1991），西班牙内战（1936-1939），第二次世界大战（1939-1945），犹太人大屠杀（1933-1945），印巴战争（1947-1972），中东战争（1948-1991），朝鲜战争和越南战争（1945-1979），中国的革命与民主斗争（1911-1991）……

这一件件往事，一串串年份数字，仿佛一滴滴鲜血，在字里行间，戚戚然已化作一行行诗，一行行泪。正如前南非总统纳尔逊·曼德拉如此评写道，“诗歌无法挡住子弹，也无法阻挡子弹，但它可以见证残酷——因此，像在墓地里培育一朵花，这本诗集本身就是对暴政、偏见和不公正的打击。它见证了我们宁愿忘记，但永远不能，也不应该忘记的邪恶。”

可悲的是，邪恶仍在继续。21 世纪的此时此刻，俄乌战争、以哈战争，依然是炮火纷飞，生灵涂炭。

借用曼德拉的说法，《反对遗忘》一书也挡不住子弹。

但它几乎以哈利波特般奇特的方式，重新放到我们手中，一定是想要提醒我们，千万不要好了伤疤忘了疼，也不要在没好的伤疤上撒把盐，更不要去制造新的伤疤！

（原文发表在《高度周刊》2023 年 12 月）

华盛顿大学 Suzzallo 图书馆一角。

第三章

职场内外

走好选择的路，别选择好走的路。

——杨绛

一封寄自波士顿的来信

一个带锁的文件柜里，珍藏着一封微微发黄的信。

这是一封来自麦克阿瑟博士的亲笔信。他的英文全名是 John Hector McArthur（约翰·赫克托·麦克阿瑟），时任加拿大亚太基金会董事会主席。我当时只是该基金会的一名普通研究员。

显然，这是一封董事长给基层员工的亲笔信。而我就像一个名不见经传的粉丝获得一位鼎鼎大名的大咖签名一样，一直小心翼翼地保存着这封信。

借用时下流行的说法，麦克阿瑟博士绝对是教育界和商界的跨界超级“大咖”。

哈佛大学商学院博士（1963），哈佛商学院金融管理教授（1973）和商业管理教授（1980），哈佛商学院第七任院长（1980-1995），世界银行行长高级顾问（1995-2005），加拿大亚太基金会董事会主席（2006-2015），加拿大勋章获得者（2013）。除此之外，他还是加拿大发展投资公司的创始董事会成员（1982），并先后担任加、美多家著名大型公司、机构的董事会成员，包括加拿大贝尔（Bell）公司，加拿大卫星（Telesat）公司，美国大通曼哈顿公司（Chase Manhattan），泰瑞达（Teradyne）公司等等。

他的确是一位土生土长的加拿大超级明星，更是一位令人尊敬的长者。

1934 年 3 月 31 日，麦克阿瑟博士在温哥华出生，在本那比长大。父亲叫赫克托，是政府的谷物检验员，母亲叫伊丽莎白，是三个孩子的妈妈，全职照料着孩子和家庭，就像现在很多华人妈妈一样，孩子和家庭几乎占据了她全部的生活。

麦克阿瑟博士就读于南本那比中学。这是一所公立学校，在本地华人家长非常看重的学校排名中并不靠前，但毕业生中却不乏明星辈出，比如卑诗省前省长简蕙芝（Christy Clark），加拿大女子足球国家队前队长 Christine Sinclair，加拿大勋章获得者、著名演员 Michael J. Fox 等等。

在上中学期间，麦克阿瑟博士喜欢玩橄榄球，而且球技出色，渐渐成为了校队的一名明星。他喜欢与许多不同类型的同学交往，其中包括与一位自八年级就同班的女生纳蒂·埃瓦西克（Natty Ewasiuk）约会，之后正式结婚成为终身伴侣。

另一个同班同学是里奇·尤斯蒂斯（Rich Eustis），后来成为艾美奖获奖电视剧作家。尤斯蒂斯以同学麦克阿瑟为原型，在美国系列电视剧《班长》（*Head of the Class*）中，成功塑造了剧中主人公埃里克·马甸（Eric Mardian）的角色。该剧是美国 1983 年制作的电视系列剧，于 1986 年 9 月 17 日至 1991 年 6 月 25 日播映，全 114 集。尤斯蒂斯曾回忆说："他是一个真正的强硬，多变的人。他打橄榄球。后来有传言说他是我们高中毕业以来最聪明的孩子。"毫无疑问，他是班上的明星。

在读中学期间，麦克阿瑟博士利用暑假和课余时间在一个叫科恩纳斯（Koerners）经营的锯木厂勤工俭学。科恩纳斯一家是一个本地移民家庭，他们生意经营得很好，并乐于分享自己的好运。出于对这位年轻人的潜质和天赋的高度欣赏，科恩纳斯家人愿意资助他上大学。

显然，这对当时的高中生来说是非同寻常的。他和纳蒂于 1953 年秋天双双被 UBC 录取。也许是受到在锯木厂勤工俭学经历的影响，他本科学的是林业专业。

1957年，即将完成林业学士学位的麦克阿瑟博士，面临着每一个人都会碰到，也许是人生中最重要、最不容易的两个选择：一是该走哪条职业之路，才能通往自己最向往的人生目标？另一是该和谁一起携手，并肩沿着自己选择的人生之路走下去？

对麦克阿瑟博士来说，第二个选择似乎比较没有悬念。他与从八年级就同班的纳蒂，在高中期间双双坠入爱河，大学又是同校同学，在UBC美丽的校园里，俨然一对金童玉女，慕煞同学无数。大学毕业那年，二十三岁的麦克阿瑟博士和纳蒂终于喜结连理。

在选择了并肩人生路的伴侣之后，另一个人生选择也已经不是什么难事了。

当时在UBC学林业专业的学生，毕业以后最有可能从事的职业是去卑诗省北部的林区，从事林业相关的工作，俗话说，就是伐木工。

但是，纳蒂明确表示她无意做一个伐木工的家属，在加拿大北部的茫茫森林中度过一生。

于是，麦克阿瑟博士决定赴美深造，攻读工商管理硕士课程（MBA）。凭着自己的超人实力和坦然自信，他分别申请了美国三所顶级的商学院：哈佛大学商学院、斯坦福大学商学院和麻省理工学院商学院，并全部获得录取。

麦克阿瑟和纳蒂夫妇首先否决了斯坦福大学商学院，因为美国加州与卑诗省太相似，年轻夫妇希望经历人生中更多的与众不同。最后，两人不约而同地共同选择了哈佛商学院，因为纳蒂觉得哈佛的校园比麻省理工的校园更漂亮，麦克阿瑟博士也完全同意。

麦克阿瑟夫妇的“妇唱夫随”，使卑诗省失去了一位可能是最优秀的伐木工，但由此造就了名副其实的教育界和商界的一代宗师。这不仅改变了麦克阿瑟夫妇的命运，也由此改变了世界上很多人的命运。从此，一颗哈佛之星冉冉升起。

尽管他才华横溢，但哈佛商学院的生活，对这位初来乍到的年轻加拿大学生而言并不容易。他上课第一天穿着一件鲜艳的粉红色衬衫，却发现课堂的着装要求是粗呢休闲外套配领带。他第一次在课堂发言时，在说到"Schedule"一词时用加拿大的发音（SHED-yool）而遭到他的教授和同学们充满善意的嘲笑。

那天教室里的另一个带有外国口音的学生，是一个名叫詹姆斯·沃尔芬森（James Wolfensohn）的澳大利亚人。他在课堂发言时也没有正确地说出"Schedule"，而同样被实时纠正。就这样，两个同样来自英联邦国家的学生，同样对体育运动感兴趣，同样没有钱，而且同样美式发音很差，而逐渐建立了友谊，最终成了莫逆之交。若干年后，詹姆斯出任世界银行第9任行长（1995年-2005年），专门聘请当年的同班同学麦克阿瑟博士担任其在世界银行最信赖的顾问。

麦克阿瑟博士于1959年从MBA毕业，1963年他获得工商管理博士（DBA）学位。在博士毕业前一年，他就已经开始在哈佛大学正式授课开讲。毕业以后，正式留校加入商学院任教——教授金融课程、撰写商务案例以及从事越来越多的行政工作。1980年元旦，四十六岁的麦克阿瑟博士被任命为哈佛商学院的第七任院长。他一干就是十五年，一直到1995年，六十一岁时从商学院院长的岗位上退休。

在国际教育界流行着这样一种说法，"如果说哈佛大学是全美所有大学中的一顶皇冠，那么哈佛商学院就是这顶皇冠上最璀璨的一颗宝石。”此话不假，但我更想补充的是，担任院长十五年的麦克阿瑟博士，正是细心打磨这颗宝石的工匠之一。也就是说，麦克阿瑟博士不仅自己是一个哈佛的明星，更是一个打造许许多多未来商界和教育界之星的造星之人。

在他担任院长的十五年中，商学院的教授人数从 50 人增加到 81 人，年度研究和课程开发预算从一千万美元增加到五千万美元，哈佛商学院收到的捐赠资金从 1.06 亿美元增加到 6 亿美元。

任职期间，他还致力于推进商学院吸收更加多元化的学生群体，并受到广泛赞誉。越来越多的女性学生，国际学生得以进入到哈佛商学院深造。其中包括 2017 年温哥华最有影响力的十大杰出人物之一，唯一华裔女性李佩珍（Carol Lee）。

在一次 UBC 校园活动上，李佩珍偶然地遇见了麦克阿瑟博士。麦克阿瑟博士不失时机地积极鼓励，刚刚从 UBC 商学院本科毕业的李佩珍报读哈佛商学院的 MBA。

若干年后，李从哈佛商学院毕业，自创皮肤保健品公司，并任“华埠振兴委员会”主席和“温哥华华埠基金会”主席。成为温哥华最有影响力的杰出人物之一。

李佩珍曾经在接受加拿大一家著名报社的采访时这样说，她现实生活中有两位最令她崇拜的英雄，一位是父亲李亮漢（Bob Lee），另一位就是她在哈佛商学院的院长和导师麦克阿瑟博士。

为鼓励更多的加拿大学生到哈佛商学院学习，同时为了纪念已经退休的加拿大籍前院长麦克阿瑟博士，由加拿大校友的慷慨支持提供资金，以麦克阿瑟博士名字命名的

“John H. McArthur 加拿大奖学金”于 1998 年在哈佛商学院设立。此奖学金专门为加拿大学生提供财政援助，使他们不管家庭财务状况如何也能够就读哈佛商学院，从而获得领导才能，为加拿大社会做出终身贡献。

如果从 1957 年入读哈佛商学院 MBA 开始，麦克阿瑟博士成为哈佛商学院社区成员的历史已经超过了六十多年。但他从未停止过为作为一名成为加拿大人而感到骄傲。

特别是在他退休后担任加拿大亚太基金会董事会主席期间，不顾年事已高，每年都要多次亲自飞回云城主持董事会工作。

给人印象最深的就是他那几乎带有商标特征的领导方式：循循善诱，而非发号施令。在大大小小的会议室里，他总是问两件事：我们这么做的目的是什么？我们是否会产生影响？

正是他的坚持和执着，引领着基金会向前发展，并对加拿大产生积极的影响。

若干年后，一封短短的来信，再次印证了他那带有商标特征的两个 W：目的和影响！

日历仿佛翻回到了 2014 年 5 月 8 日，窗外的小雨已渐渐停了下来，吹着微风。波士顿的气温还不到 10℃，有点春寒料峭的寒意。但是阴冷的天气，并没有影响麦克阿瑟博士兴奋的心情。他坐到办公桌前，从有点皱褶的深色条纹西装上衣口袋里，拔出了黑色的钢笔，慢慢地旋开笔帽，在信纸上缓缓写道：

Dear Kenny,

I'm thrilled to see the great impact that your careful, thoughtful research about Canadians Abroad is having. You never gave up on the promise you saw down this track. That took a lot of courage and just plain self discipline on your part. I have always admired you for those human qualities of yours, not to mention your absolute honesty and integrity.

Thanks for all of this Kenny. You are the best.

John

中文翻译是这样的：

亲爱的肯尼，

我很高兴看到你对“海外加拿大人”进行认真、周到的研究所产生的巨大影响。你从未放弃过你对从事这项研究的承诺。这需要很大的勇气，而你却只是自律。我一直很钦佩你的为人素养，更不用说你绝对的诚实和正直了。

感谢所有这些肯尼，你是最棒的。

约翰

麦克阿瑟博士信中提到的“海外加拿大人”研究，是当年亚太基金会的一个重点研究项目，我有幸担任该项目的主持人和首席研究员。从 2006 年启动，历时五年，该项目对海外加拿大人的数量统计，他们与加拿大的联系和贡献，以及在国际舞台上的作用和影响，进行了开拓性的综合分析。

研究发现，加拿大海外公民人数达两百八十万，在香港地区的加拿大公民人数就超过三十万等重要事实，被媒体、政府机构和政策部门广泛引用，影响极大。2023 年，加拿大统计局在此基础上，又重新更新了估算，即 2016 年，加拿大海外公民人数达四百万。[7]

尤其是 2014 年 5 月 4 日，安省高等法院在大量引用该研究的数据结果之后，裁定原来禁止海外公民投票的选举法违反了加拿大宪法，必须废除。麦克阿瑟博士在看到各大媒体报道之后，马上动笔给我写了上面这封信。

在此之后，2019 年 1 月 11 日，加拿大最高法院最终宣布，旧法违宪，永远保留海外公民投票的权利。

五年的基础研究，八年的法庭论辩，最后是非曲直得断，更正了加拿大法律中的一个严重谬误。

也许，这就是麦克阿瑟博士一生所坚持的“目的”和“影响”。

2019 年 8 月 20 日麦克阿瑟博士在波士顿市外去世，享年八十五岁。

为纪念麦克阿瑟博士，2016 年加拿大亚太基金会专门设立了“约翰·麦克阿瑟杰出研究奖”，专门授予商界或学术界杰出人士对加拿大和亚太关系进行有影响力的研究。

他的亲笔信，也成了珍藏的纪念。

（原文发表在《高度周刊》2020 年 9 月，本文有修订）

---

[7] The Canadian diaspora: Estimating of the number of Canadian citizens who live abroad (statcan.gc.ca)

“未行之路”，带你奔向诗与远方

一直向往诗与远方的你，有没有经历过这样的场景？

一天清晨，金黄色的树林里，你独自一人，匆匆地赶路。

走着走着，来到了一个三岔路口。你不由得停下脚步，先朝左边一条极目远望，弯弯曲曲，起起伏伏，一直望到小路消失在远处丛林的尽头。

然后再朝右边一条看去，只见绿草茸茸，碧草萋萋，鲜有行人践踏，似乎更充满了吸引力。

你不禁自问，究竟哪一条路才会带着你去往诗与远方？

这其实是美国诗人罗伯特·弗罗斯特（Robert Frost，1874–1963），在他的一首著名诗歌中描写的开篇场景。一百多年前，他写下了这首诗“The Road Not Taken”，中文翻译为《未行之路》。诗歌于 1915 年发表以后，以形正、韵美、意深而备受读者欢迎。

这首诗也被多个版本翻译成中文，所以在中文世界里也广为流传，影响了好几代人。虽然每个译者的解读不一，读者的感悟也是千差万别，毕竟是一千个读者就有一千个哈姆雷特。

人生之路每每会有岔路口，如何选择，确确实实是每个人都会碰到的现实。

从摇篮到坟墓，除了父母，祖先和种族无法选择之外，人的一生，无时无刻不是在选择中度过，上学、就业、择偶、生活方式、生存环境，当然还有诗和远方，无不需要自己做出最优的选择。

俗话说，种瓜得瓜，种豆得豆，选择了耕耘，便得到了丰收。

莎士比亚，选择了文学和戏剧创作，从此世人领略了人生有喜剧，也有悲剧，更知道了“To Be or Not to Be”的哲理。

牛顿，选择了追究苹果落地的原因，发现了万有引力定律。

屠呦呦，选择了中药研究，发现了青蒿素，拯救了无数疟疾患者的生命。

也许正是因为他们认清了自己，在人生的岔路口作出了对的选择，才谱写了一段与众不同的人生精彩乐章。

其实，不管对错，每一个人都必须面对不同的场景，而做出适合自己的选择。

孟母三迁的故事，告诉我们选择生存环境的重要。其实移民海外也是同样的道理。常听亲朋问，移民到底好不好？也常听好友讲，移民到底值不值？在我听来，这就像是那个在林中赶路之人，屹立在三岔路口，左顾右盼，举步难决。

回想当年，我也曾无数遍地问过自己，也无数次地和家人沙盘推演，是走还是留。当然，心动不如行动。终于，在千禧年举家来到了加拿大的云城。

在那个年代，这也算是选择了一条人迹稀少的人生之路。

一路走来，风风雨雨，日月星辰，有幸邂逅了曾经向往的风景，遭遇了未曾期待的阴晴，也收获了终身受益的小确幸。

当时之所以选择走，而不是留，无外乎是命运助推着自己，中国的开放打开了通向世界的大门；能力支撑着自己，父母的培养和职场的历练，使我为自身的全球化作好了必要的准备；机会诱导着自己，世界很精彩，我想去看看。

曾看到一些网友博主还有更为深刻的认知，认为“战略和信念”，也是人生和事业选择更高级的驱动因素。我显然没有这样的高瞻远瞩，但我想，每个人的选择，无非是这些可预见的方方面面综合考虑而已吧。

交友也同样需要选择。

古人曰，“以势交者，势倾则绝；以利交者，利穷则散。”惟以心相交者，成其久远。我们的一生，朋友不在乎多，而在于用心去交。能有三两知己，足矣。

最令我难忘的好友，竟然是一位忘年之交。他是一位加拿大犹太裔长者，一位令人尊敬的经济学教授。他亦师，亦友，既是老板，也是合伙人，还是共同作者。

从我来到云城开始，他就像一位森林里的引路人，带着我，一步一步走进了加拿大。可惜，新冠暴发那年，他因年老并患上绝症，提前去了另一个没有病痛烦恼的世界神游。

每年在他去世的周年纪念日，我和家人都会为老人家栽上一棵树，聊表怀念之心和纪念之情，因为他生前喜欢自然，最喜欢的休闲方式，就是在树林中漫步。

漫步人生之路，很多时候，很多场景都需要选择。但有一样东西却不是人生的选项，而是必然的标配，那就是读书。

古人说，书中自有黄金屋，书中自有颜如玉。而我更觉得，书就像压舱石，在任何惊涛骇浪中，确保你平稳向前，不会翻船。

打开的书则更像雄鹰的翅膀，助你飞得更高更远，去寻找真正属于你自己的诗与远方。

在弗罗斯特的诗中，那位年轻的赶路人在三岔路口，又是如何选择走向远方的路？

诗人继续写道：作为赶路人，选择了其中更少被踏足过的一条，留另一条希望等到日后再走。而他又明明知道，既已做出选择，到头来根本无法回头，不同的选择造就了不同的未来。

最后，诗人感叹道，“一片树林里分出两条路，而我选择了人迹稀少的一条，从此竟然改变了我一生。”

我们每个人都会因为一次岔路口的选择，而从此改变一生，并从此变得与众不同。

“未行之路”，真的可以带你奔向诗与远方。

（原文发表在《菲莎文萃》2022年10月，本文有修订）

两部手机、双重身份

十八岁的谷爱凌，不仅在北京冬奥赛场上代表中国队，摘金夺银吸睛无数，而且因为她美国国籍状态的问题，引起大洋两岸民众的热议如潮。

而她本人的回答是“当我在美国，我是美国人。当我在中国，我是中国人。”这种回答不仅有解人难得的外交风度，更有与众不同的自我认知。

我对谷爱凌的这种双重身份的认知深以为然。为什么这样说呢？请听我从手机说起。

如今，使用两部手机的人是越来越多。从两部手机的不同用途，可以大概看出一个人待人处世的态度和温度。

有的人用一部手机处理工作，用另一部手机处理工作以外的事情。这样的人公私分明，不仅有自律，更是有效率。

也有的人用一部手机与父母家人联系，用另一部手机与其他朋友交流。这样的人对人际关系的优先秩序安排清晰，不失亲情，也不缺友情。

还有的人一部手机用作通信，电话、电邮配微信，另一部手机用作为游戏，油管、电竞加抖音。这样的人不会失联，也不怕隔离。

更有的人，一部用安卓系统，一部用 iOS 系统，保证所有的 App 都能安装使用。或者还有的朋友出于其他缘由，不管是用两部甚至多部手机，只要用起来顺手方便就是了。

其实，我也有两部手机。一部手机的号码带有好几个“8”，其中缘由，是华人都懂。还有一部的号码特意选了“2010”结尾，那是指 2010 年，温哥华成功地举办了冬季奥运会，加拿大男子冰球队击败美国队荣获奥运金牌，这事加拿大人都知道。

除了选号有不同含义之外，这两部手机，一部是中国的著名品牌华为P系列的手机，另一部是则是加拿大曾经的大牌黑莓 Passport 手机。

华为P系列手机主打拍照功能，正合我意。我喜欢街拍，但又嫌传统相机太重太麻烦。于是乎，每当天气晴好时，便骑车出行，健身娱乐两不误。骑到哪，拍到哪，不管是人，景，还是物，拍到自己喜欢的就满是欣喜，抓到难得的瞬间就难抑兴奋。

而拥有当时美国总统奥巴马为“白宫代言人”的黑莓手机，因为搭载实体全键盘和凭借独特的安全操作系统，在商务机市场成名，也成了加拿大曾经的骄傲。我至今仍然保留使用的是一款黑莓 Passport。喜欢“世界这么大，我想去看看”的我，就是对它和旅行护照一样的形状和尺寸，而情有独钟。

在新冠疫情来临之前还允许国际旅行的年代，每年都要在太平洋上空飞几个来回，出差公干，探亲旅游。每次都是带着华为和黑莓同行。到了中国，就在黑莓手机里装上中国的 SIM 电信卡，为的是合规和安全。回到加拿大，又会在华为手机上插上加拿大的 SIM 电信卡，图它个拍照方便和功能卓越。

如此华为和黑莓并用，看似偶然，其实也是出于自然。装有中国 SIM 卡的黑莓手机，和内置加拿大 SIM 卡的华为手机，使我在故乡与他乡之间，始终保持着联系不断的频率，在故乡和他乡逆转时，维系着自然而然的平衡。

记得有一年去北京一著名高校开讨论会，加中双方的专家学者，同堂讨论人才跨国流动的专题。我作为加方主办单位的代表在会上提出，加中两国的人才流动，应该避免人才争夺的零和游戏，而探寻一个人才共享的合作双赢方案。

但是，会上却有人对此很不以为意，并用对国家忠诚度的问题，来挑战人才共享的建议。当时我就掏出黑莓和华为两部手机，回应道，装了中国 SIM 卡的黑莓和装了加拿大 SIM 卡的华为，究竟是谁对谁更忠诚？是否应该算是一种共赢？那位拿着苹果手机的加方官员，当场就无话可说了。

其实，选用什么手机，怎么用，只不过是每个人生活方式的自我选择和偏好而已，别人本无可非议。个人身份的自我认定，恐怕也不过如此吧。别人怎么看，真的有那么重要吗？

如今，由于众所周知的原因，我的这两款手机都已经从加拿大市场隐退，再过几年，不知它们能否成为古董？不管怎样，这两部手机跟随我走南闯北的经历，始终是一个难得的回味。

我不知道谷爱凌用的是什么手机，也不知她是否使用两部或多部手机。但是对她的中美身份有疑问，甚至是质疑的朋友，是否也应该再想一想，个人选择的偶然、自然和必然？

我还不知道自己下一部手机会是如何选择。但可以肯定的是，使用两部手机的人，肯定是懂得兼容并蓄，而不是认定非此即彼的人。

大道至简，殊途同归。

（原文发表在《高度周刊》2022 年 2 月，本文有修订）

世界让人无所适从，还好读书让我们学会了改变

圣诞即将临近，王石先生在云城与朋友合影的照片，在朋友圈中频频刷屏。

我没有见过王石本人。从朋友圈的照片上看，他精瘦精瘦的，中等身材，穿着一款北欧某户外运动品牌的鲜红色套头衫，双手插在米色休闲裤的裤兜里，微笑着站在比人还高的绿色圣诞树前，这与西人圣诞节的气氛倒也是十分般配，应景。

我家的人造圣诞树已经在书房的壁橱里藏了好几年没用了。自从孩子长大搬出去住以后，圣诞树也就被冷落了，但书房依然是每天看书写字的地方。年中被阳时，书房也成为家里临时的隔离病房。

书房的书架上正好有一本王石先生写的《我的改变——个人的现代化 40 年》。书是疫情期间国内的朋友特意寄给我的。

俗话说，秀才礼轻纸半张。我与好友之间，常常以书作为礼品相赠，尽管国际邮费比书费还贵。

因为是疫情期间，书收到以后，先把它放在书架上“隔离”，就一直还没有读过。直到近日看到朋友圈的刷屏，不禁把王石的那本书从书架上拿下来打开。

开卷第一句话就吸引了我，那是著名经济学家张维迎写的序言：“研究当代中国企业家，无论从哪个方面看，王石都是一个绝佳的活标本。”

看到朋友圈里王石的照片，仿佛这个活标本就在身

边，好奇心驱使我继续读了下去。

“惟有变化才是永恒”

古希腊哲学家赫拉克利特（Heraclitus）曾说过：“惟有变化才是永恒（Change is the only constant in life）。”

但是，王石的《我的改变》开篇第一页赫然印着一句话，全页只有这一句：“我的很多人生转变，都是57岁之后发生的。”

这又是为什么呢？从书中的描述，也许我们可以找到一个答案。

王石1951年1月出生在广西柳州，应该是属虎的，今年正好又是他的本命年。属虎的生肖特点，再加上母亲是东北锡伯族后裔，王石有一半游牧民族的血统，天生好动，爱自由，不愿被束缚。就连朋友圈照片中所穿套头衫那鲜红色，也符合东方人的传统习俗。

他的童年是随着父母工作变动而天南地北。一岁搬到广州，两岁搬到湖南衡阳，随后一个人跟着姥姥回到老家辽宁义县，五岁全家搬到北京，八岁又搬到郑州。

成年之后，基因和天性使然而走南闯北。十七岁到二十二岁当兵在新疆戈壁滩开重型卡车，二十二岁到二十三岁在一个锅炉大修车间当工人，后被作为工农兵学员推荐上大学。二十六岁从兰州铁道学院毕业分配到广州铁路局当技术员，二十九岁通过招聘进入广东省外经贸当公务员。三十二岁辞职离开了广州，去深圳创业。

1984年1月，邓小平首次视察深圳，肯定了“深圳速度”“时间就是金钱，效率就是生命”以及经济特区的发展模式。当年，王石在深圳创立万科公司，那年他正好三十三岁，民间说法，这是个要发财的年龄。

三十八岁那年，他带领的万科成为中国最早的上市公司，四十七岁时，万科成为中国最大的上市房地产公司，2016年成为《财富》世界500强企业。

从五十岁开始，王石逐渐把精力转移到公益和社会组织以及环保领域。

在五十二岁和五十九岁时，他两次登上世界屋脊珠峰。五十四岁时，已经顺利完成了登顶七大洲最高峰，徒步到达南、北极点。

但在2008年，五十七岁的王石本该功成名就，却连续遭遇了两场大风大浪。那一年，房地产走势“拐点论”让万科的经营业务遭遇了前所未有的危机，汶川大地震后的“捐款门”事件更让王石的个人声誉跌到了谷底。

王石在书中这样写道：“这两场风波对我的思想观念构成了前所未有的挑战，是我人生的至暗时刻，也是刻骨铭心的反思的开始。”

从不言放弃的王石重新开始充电。六十岁开始学英语，先后赴哈佛、剑桥、希伯来等世界名校访学，又一次寻求自我更新。

由此看来，王石把五十七岁时人生的低谷，看作为人生重要转变的开始。而事实上，从童年到中年，再到退休，他无时无刻不是在一次次的改变和转身中，一步一个脚印地走向人生的高峰。

这一路走来，年龄仿佛只是一个时间的符号，他显然给时间赋予了生命，而不是给生命赋予时间。

“走好选择的路，别选择好走的路”

作家杨绛先生有句名言：“走好选择的路，别选择好走的路，你才能拥有真正的自己。”

纵观王石先生个人现代化的四十年，不乏就是在选择中改变，在改变中实现自我，而且有些选择，是离“死亡”很近很近。

在《我的改变》一书中，王石重点强调了选择和改变中的五大要素：肉身，也就是自我；空间；学习；角色；和生死观。这五个要素也就构成了全书的五个章节。

第一章以“身体”为题，从吃饭、睡觉、性、运动等生活小事，谈“人与自我”，超越自我的惊人故事。我的理解就是为选择和改变准备好自身物理条件。

第二章记叙如何为自己的个性争取足够的空间，如何处理好个人与集体、个性与共性关系的艰难过程，我想，这里突出的是符合自己的可能选择和改变的范围。

第三章透露出作者强烈的知识缺少感和永不停止学习、寻求自我更新的如饥似渴。显然，学习和知识积累是每个人自身的软性条件，也是选择和改变的催化剂，这是大家的共识。

王石对学习的重要性和紧迫性在书中表述无遗：“在中国的传统世界，变化是缓慢的。精耕细作的农业社会，人往往倾向于一种稳定、自足的生活。但现代世界是瞬息万变的，人如果不能保持一种自我更新的勇气和能力，就会迅速被时代淘汰。”

第四章，王石对自我角色的定位讨论是很有特性的，一方面，他经历了对商人身份的认识过程；另一方面，又经历了作为公众人物的反思过程。从中反映出商人身份在中国社会从古到今的尴尬和挣扎，以及作者对“商人精神”长期的甚至是不无痛苦的思考。角色的转身和定位，不就是选择和改变的目标吗？不管是终极目标还是中期目标。

最后一章，王石把读者对选择和改变的讨论更进一步带到了人生哲学的层面，试图用他自己独特的经历和故事对生从何来，死去何处，生命的意义，死亡的意义，人如何超越死亡等来讨论和看待生活和人生。

正是作为成功企业家、登山家、帆船选手和社会公益活动家等多重角色的独特经历，特别是好几次与死神擦身而过，使他对人生有了常人无法想象的感受。

书中描写的许多故事和事件，让读者看到作者是如何把知识变成了经历，把文字变成了体验，这是非常难能可贵的。

差一点就一口气读完的书

《我的改变》由三联书店于2019年在北京出版，由中国经济学家张维迎和美国哈佛大学荣休教授傅高义作序加持，全书近二十万字。

要不是为了看足球世界杯，也许真的会像张维迎在序言中说的那样，一口气把它读完。

已经记不得上次一口气把书读完是什么时候了，但仍然清晰地记得，当年刚刚对外开放时，母亲从有海外关系的小姐妹同事那里，借回来金庸的竖版繁体《书剑恩仇录》，只有两天的借阅时间，所以真的是废寝忘食，一口气把全套书读完的。

上大学时，在寝室里，排队轮候读各种限期归还的横版书、竖版书、印刷书、手抄书，那更是家常便饭。工作以后，图书馆几乎就成为第二个家，我至今仍然保留着已经年久发黄，当年的上海图书馆读者证。

互联网时代以来，读书逐渐被上网查阅所替代。但书架上的书，还是在不断增加，仍然很值得翻读的，特别是在圣诞假期的时候。

读书让人学会改变，就像王石一样。但不知2019年以后，尤其是在三年的疫情中，让多少世人无所适从，他又有什么新的改变？

希望他又有新作延续。

（原文发表在《高度周刊》2022年12月，本文有修订）

穿老鞋，走新路

2022年11月18日，身高六英尺七（2米）的尹大卫（David Eby）宣誓就任卑诗省长，成为1871年本省加入加拿大联邦以来的第三十七任省长。

当天上午十点十八分，一身驼灰色正装，系着紫红色领带，足蹬锃光瓦亮的黑皮鞋，在一众原住民武士的陪同下，尹大卫步入温哥华马斯琴原住民社区中心，由省督Janet Austin监誓，在一百多名来自卑诗省各地的亲友、同事和社区成员的共同见证下，宣誓就任省长，从而开启了卑诗省治理的新篇章。

正式履新的尹大卫省长，将把卑诗省带向何方？又能给省民带来什么惊喜和期盼？从宣誓就职典礼的一些细节，或许可见一斑。

穿着父亲送的皮鞋履新

中文履新的“履”字，作名词指鞋子，作动词为踩踏，引申为做和实践。

履新卑诗省长，尹大卫果然穿上了一双擦得锃亮的黑皮鞋，特别引人注目。

在宣誓就职仪式上，他低头看着自己闪亮的鞋子，向现场的观众解释说，这是对他父亲的致敬。原来，他穿的是父亲多年前送给他的一双皮鞋。

尹大卫出生于安大略省，是家中长子。父亲是律师，母亲是教师。也许是受到父母亲职业的影响，尹大卫对法律专业情有独钟。他中学毕业以后，先到滑铁卢大学英文系修读，1999 年毕业获文学士学位后，留校任职为科技专题写作工作。

后来，他到哈利法克斯市的戴尔豪斯大学修读法律，暑假期间为温哥华市中心东端运作的枢纽法律协会担任义工。2004 年，他毕业获得法学博士学位，并于 2005 年获得卑诗省执业律师资格。

作为律师，难免要经常出庭。同样也是律师的父亲，认为儿子当律师出庭，必须要穿一双适合法庭这样特殊场合的鞋子。所以，特意买了一双锃光瓦亮的黑色亮皮皮鞋，送给了尹大卫，希望儿子在法庭上能表现出色。

从那时算起，这双父亲送的鞋子，已经跟随尹大卫十几个年头了。除了出庭时穿，还有就是在重要的场合才会穿。宣誓就职省长，尹大卫特意又穿上了这双特殊的老皮鞋。

穿一双多年前父亲赠送，但依然保持得锃亮如新的鞋子履新就职，显然有其象征意义，这肯定体现了新省长对父母教诲和家庭理念的秉承，也透露出他脚踏实地和勇于实践的坚持。

“房间内最高的人”成为省长

尹大卫的身高达两米，绝对是篮球运动员的身材。但与打篮球相比，他更感兴趣的是从事法律专业的学习和工作。果然，在从政前多年的人权律师的职业生涯中，他多次获奖。

在从政以后，曾经的职业律师生涯也给他执掌律政厅长打下了专业基础。事实上，他在贺谨政府内阁团队中是最能“啃硬骨头”的厅长，以解决难题著称。

在一系列具体的事务上，包括与原住民和解、赌场洗钱调查报告、解决汽车保费困境、推动反歧视数据立法、增加政府建造房屋的供应量等等，都做出了省民有目共睹的政绩。

在典礼上，因健康原因即将离任的贺谨省长在致辞中特别说道，从 2013 年尹大卫首次当选为省议员开始共事。作为新民主党党领，他就注意到了房间里长得最高的尹大卫，因为可以把最棘手的问题让他来担纲。成为省长以后，他更是把省内更多的难题交给尹大卫来处理。

“我自豪而毫无保留地把指挥棒转交给房间里最高的人，祝贺你，尹大卫，”贺谨在仪式上如是说道。

“我并不像我看起来那么高，只是因为我站在贺瑾的肩膀上，”尹大卫在随后的致辞中打趣地回应道。

“如果我比别人看得更远，那是因为我站在巨人的肩上。”这是科学家牛顿的一句家喻户晓的名言。

从老省长贺谨和新省长尹大卫在就职典礼上的那段对话中，是否也能体会到这句名言的匠心独运？

首次由原住民主持省长就职

俗话说，穿新鞋走老路。而此次的新省长就职典礼却正好是相反——“穿老鞋走新路。”

就职典礼第一次在马斯琴原住民社区中心举行，而不是通常在维多利亚省议会大厦内举行。

仪式由马斯琴原住民酋长主持，这是卑诗省首次由原住民主持省长宣誓就职仪式。

马斯琴原住民以一场传统的武士之舞开场，然后按马斯琴原住民的风俗举行了毛毯赠送仪式，这个仪式表达的是，原住民对为当地社区做出重要贡献的人士至高无上的尊重。尹大卫在证人面前，披上特殊的原住民编织的毯子，象征着社区对新任省长的关心，温暖和支持。

酋长 Wayne Sparrow 在典礼上说："我们很高兴在马斯琴民族的社区举办这一历史性活动。尹大卫是首位在第一民族社区宣誓就职的卑诗省省长，这是一个鼓舞人心的行动，表明他将致力于促进与原住民的和解和建立真正的伙伴关系。"

他接着说道："马斯琴民族希望和解不仅是一个时兴的口号。我们期待政府采取实际行动，为马斯琴民族及卑诗省所有的原住民带来实质性的积极改变。我们期待尹大卫省长发挥领导力，真正落实原住民权利，并为所有卑诗省民创造繁荣的未来。"

尹大卫也在就职感言中承诺，将迅速采取行动，应对卑诗省民现在所面临的最紧迫问题：解决住房危机、提高社区安全性、加强医疗保健服务和应对气候变化。所有这些工作，都将由省府与原住民、联邦政府和城镇政府密切合作进行。

仪式结束前，原住民酋长和新省长还相互交换了礼物。原住民的礼物充满了传统的生活、历史和文化的气息，就连在场的每一位观众，都收到了一份马斯琴原住民赠送的礼品。

所有这些，是否象征着卑诗省在新省长的带领下，把原住民问题作为一个优先事项，重视对待？省民们拭目以待。

省长刚刚就职，就被“小人”骑在头上

两个多小时的就职典礼终于结束了。场下有两个小朋友早已坐不住了，他们就是八岁的 Ezra 和三岁的 Iva 兄妹俩，尹大卫和妻子凯利的一双儿女。

仪式一结束，他们就挣脱了妈妈的手，双双飞身补到父亲的身边。只见两米高的尹大卫把女儿 Iva 高高地托起，让她骑在自己的脖子上，然后一手护着女儿的腰，一手携着妻子肩膀，儿子 Ezra 则偎依在父亲的大腿边，每个人的脸色都写着开心的微笑。

即使是在宣誓仪式刚刚结束的众目睽睽之下，新任省长尹大卫就用一个似乎是高难度的瑜伽动作，把这个“家庭至上，孩子优先”的场面自然而然地展示给了大家。

确实，就在刚刚结束的典礼上，尹大卫承诺将着手应对民众所面临的挑战，并竭力为卑诗省民的生活带来切实改善。

随之，他宣布了就任后的首项施政举措，为卑诗省居民和企业提供两项新的生活费用补助，一是一次性每户一百元的电费补助，同时推出新的《卑诗负担力补助》计划，帮助中低收入者应对不断上涨的生活成本。

这位“穿老鞋走新路”的新省长，如果真正能把卑诗省建成一个适合于每一个家庭安居乐业的地方，这肯定是每一个省民所共同期盼的。

（原文发表在《高度周刊》2022 年 11 月，本文有修订）

首位华裔市长就职典礼，用了多少种语言？

对温哥华的华人来说，2022年11月7日，一定是一个值得纪念的日子。

这不，温哥华的朋友圈里，铺天盖地刷屏的，满是新当选的温哥华华裔市长沈观健任职典礼的消息、照片和视频。

这也难怪，毕竟这是温哥华自1886年建市以来的一百三十六年内，总共四十一位民选市长中，第一位华裔市长，也是首位有色人种市长。

可容纳2,672个座位和16个轮椅位置的市中心奥芬剧院，坐满了应邀前来参加就职典礼的各界市民和媒体人士，共同来见证这个城市的历史时刻。

除了见证历史，更是见识了在一小时十五分钟的就职典礼上，竟然使用了十多种语言，堪称是一个多元化城市多姿多彩的模样。

哑语，非正式的官方语言

加拿大的法定官方语言是英语和法语，所有官方的活动都必须用官方语言来进行。当然，除了联邦政府部门必须使用双语之外，法语主要是在魁北克省流行，在其他地方，更多的是使用英文。

温哥华市长就职典礼自然是用英语开场，包括开场时全场高唱的加拿大国歌，用的也是英文版本。

但是，令人瞩目的是，现场有一位哑语同步传译员，将整场典礼用手语传递给有听力障碍的观众。而且现场的两个大屏幕，始终把镜头对准哑语传译员，一分一秒也不落下。

不知现场有多少是听障人士。但是，从近几年的官方活动中，从新冠疫情的官方新闻通报，到大选新闻报道，就连每每突发事件的新闻报道，都会在电视上看到一个画中画的镜头，就是哑语传译员，用手语在传译。

哑语俨然已成为一种非正式的加拿大官方语言。人们常说的”Everyone Matters”，也就是说，每个人都很重要。但真要知行合一，还是很难能可贵的。

三种原住民传统语言，城市的传统和传承

温哥华所在的地方，是坐落在马斯琴、史戈米殊和特斯利-华沃图原住民部族未割让的传统领地之上。

作为一个城市，温哥华在历史的长河中仅存在了一百三十六年的时间。而作为一方水土，当地的原住民已经在这片广袤富饶的土地上连续生产和生活了四千多年。

但一百多年前，正是在这片土地上，随着欧洲殖民主义的盛行，加拿大原住民和华人曾经是被歧视、被排斥、被剥夺的“三等公民”。

原住民只能被强迫集中居住在狭窄的保留地内生活，隔绝了与外界的交流和互动。1885 年，也就是温哥华建市前一年，华人移民开始被强迫征税人头税。到 1923 年渥太华通过的《排华法案》，华人更是被禁止入境、限制置业和就业，连投票权都剥夺了。

同样被剥夺投票权的原住民与早期的华人，同病相

怜、相互挟持、共渡难关。

其中，马斯琴的族人，把部分保留地的土地出租给华人农民，种植蔬菜，供应温哥华市场。这给当时几乎深陷绝路的华人移民带来维持一份生机的机会，同时也给马斯琴的族人带来了额外收入，更为重要的是，华人和原住民共同为温哥华的市民带来了新鲜的日常蔬菜食物。

到 1917 年，当时至少有十八个这样华人租地种菜的租约存在，占地二十六英亩。在日常的劳作中，有华人菜农与马斯琴的少女坠入爱河，结婚生育后代。马斯琴的代表 Allyson Fraser 的祖父就是当时来自广东的菜农。

当 Allyson 在发言中讲到，今天，温哥华选出了首位华裔市长，她的祖父在九泉之下，一定会开怀大笑。

就职典礼伊始，来自本地三个原住民的代表，分别用他们各自的民族语言，对这个城市，对这个城市的所有市民，更是对新一届市长和议员，传递了历史信息，文化传统和语言传承，也带来了这片土地的原始主人的祝福。

当特斯利-华沃图部族的代表，用一个船桨形状的打击乐器伴奏，唱起了他们民族自己的“部落之歌”。现场能听懂他唱什么的人可能并不多，但从铿锵有力的节奏，完全可以感受到，众人共同划桨如一人，同舟共济的场景和寓意。

五大宗教团体，同声祝福城市的未来

温哥华的多姿多彩，还体现在宗教信仰的多元化与和谐共处。

在市长就职典礼上，本地天主教、基督教、犹太教、锡克教和伊斯兰教的团体代表同台登场，为新上任的市长和市议员，也为这个城市和这个世界上每一个人的平安和未来，祈祷和祝福。

有人曾感受过天主教教宗访问加拿大时的万人空巷，也有人经历过新年岁末列治文大雄宝殿内的香火缭绕，还有人曾领略过大温地区犹太教会堂或其他圣堂的庄严肃穆。但不同的宗教在同场同时祈祷，对绝大多数人而言，可能还是人生头一遭。

也许这就是这个城市的魅力，也是赋予新晋市长和他团队特有的动力。

正如天主教执事开场娓娓道来，“如果我们祈祷，我们笃信；如果我们笃信，我们有爱；如果我们有爱，我们奉献。”一场分别用英语、希伯来语、旁遮普语和阿拉伯语的祈祷，给这个城市带来满满的爱和力量。

很感叹，也很感恩，这样一场多种信仰的和谐共存，还能在这个动荡纷乱的时代中，向全世界完美展示。

更令人警醒和共鸣的，是对新一届市议会发挥领导力的激励：“一天的公正领导胜过六十年的顶礼膜拜。”

真的希望如新晋华裔市长沈观健的名句所言，“永不放弃就不会失去！”（You can't lose if you never give up.）

风笛吹出“茉莉花”，演绎没有国界的语言

一小时十五分钟的就职典礼很快接近尾声，传统的苏格兰风笛再次响起，吹奏的却是中国传统民歌《好一朵茉莉花》。

音乐大师小泽征尔说过：“音乐是没有国界的语

言”。

这场用十多种语言演绎的温哥华首位华裔市长的就职典礼，给世界充分呈现了这个城市文化多姿多彩的一面，也向世界展示了这个城市多元化社会和谐包容的模样。

（原文发表在《高度周刊》2022年11月，本文有修订）

温哥华唐人街的千禧门和上海巷。

场上一分钟，破冰百年冻

说起加拿大人对冰球的热爱，那就像巴西人对足球，中国人对女排一样，着迷又着魔。

爱屋及乌。加拿大人对冰球运动的钟爱有加，更是对优秀球员情有独钟。每年，加拿大人都会选出最杰出的冰球选手，入选冰球名人堂（Hockey Hall of Fame），给予最高的表彰和纪念。

很多入选名人堂的名字可谓家喻户晓，或成为孩子们的人生榜样。在加拿大要是有人不知道韦恩·格雷茨基（Wayne Gretzky）和罗伯托·隆戈（Roberto Luongo），就像巴西人不知道贝利，中国人不知道郎平一样。

但是，一位华裔球员吴启光的名字，是否也应该入选冰球名人堂？为此，还有人发起了民间签名运动。究竟谁是吴启光？他到底该不该入选冰球名人堂而成为加拿大之光？

出生就伴随着歧视

吴启光（Larry Kwong, 1923 年 6 月 17 日－2018 年 3 月 15 日），是上个世纪中叶加拿大华裔职业冰球前锋。他于 1948 年在北美职业冰球联赛（NHL）历史上作为首名非白人球员出赛，成为打破冰球界种族歧视的第一人。

吴启光一出生就伴随着种族歧视。1923 年 6 月 17 日，祖籍广东的吴启光出生于加拿大卑诗省维农市（Vernon），属于第三代华人。

就在吴启光出生的同年，加拿大联邦政府通过了《排华法案》，规定除外交官等特别个案外，所有华人都不得进入加拿大。同时在上学、就业、置业等方面采取了一系列限制华人的条款，更是剥夺了华人的投票权。

从那年开始，华人完全沦落为加拿大二等公民，直到战后 1947 年，《排华法案》废除，华人才恢复真正的公民地位。那时，吴启光已经是 24 岁的成年人了。

从出生到童年一直到成年，吴启光就像其他当地的华人一样，在生活的方方面面受尽歧视和不公。吴启光曾对媒体说道："我在自己出生、长大的地方被排挤，找不到工作，连理发店都拒绝接待我。"

后来他成为职业球员，并获得卑诗省联赛冠军以后，当时镇上的冶炼厂承诺给所有冠军队的球员一份好工作，但唯独拒绝了吴启光，因为他是华人。最终他只能在当地的一家酒店得到了一份侍者的工作。

就连为参加冰球联赛需要在美加之间旅行，也被加拿大边境官员阻止，因为在《排华法案》时期，华人不能入境加拿大。

即使是在那样一个特别的时代，华人骨子里百折不屈、锲而不舍的精神更加得到了体现。种族偏见没有影响到吴启光对于冰球的热爱。

冰球天才=天赋+汗水

人们常说："天才就是 1%的天赋+99%的汗水。"

吴启光从小就显示出卓越的冰球运动天赋。自从记事的时候起，冰球就像融化在他的血液里一样。

他父母生育了十五个孩子，他排行第十四，从小就和哥哥们一起玩冰球。那时还没有冰球电视转播，他就在广播里听冰球比赛实况，由此培养了对冰球的痴迷和热爱，还梦想有朝一日，自己的名字会在收音机转播的冰球赛上被播放出来。

那个时代的冰球比赛是白人的一统天下，要想在冰球场上有一席之地，光有天赋是远远不够的，更多的是靠汗水。十六岁的时候，吴启光终于有机会加盟当地的球队Vernon Hydrophones。

由于他球技超卓，速度奇快，很快在球员中脱颖而出。其后更成为主力，带领球队分别在 1939 年和 1941 年夺得卑诗省两个青年联赛的冠军。

1944 年吴启光应征入伍，也许是冰球挽救了他的生命。入伍以后，他随部队驻扎在阿省的韦塔斯基温基地，他的许多战友陆续从那里出发开拔到前线，从此再也没有回来。吴启光却被命令留在基地，与其他著名的 NHL 球星一起打冰球比赛，以娱乐部队，鼓舞士气。

战争结束后，他在卑诗省的 Trail Smoke Eaters 的球队打了两个赛季，为他们赢得了 1946 年卑诗省甲级队联赛的冠军——野人杯（Savage Cup）。

到 1946 年，吴启光加入了纽约游骑兵队（NY Rangers）在温尼伯的冰球学校试训，因表现出众，他很快便被游骑兵的球探发现，邀请他加盟预备组球队纽约流浪者队。

吴启光的身材不高，只有 5 英尺 6 英寸高（不到 1 米 70），体型也不壮，只有 145 磅重（约 66 公斤），但速度奇快，冰上滑行嘶嘶作响，控球娴熟，带球突破溜溜前行，所以特别适合打前锋。

为此，吴启光还获得了“中国快艇”（China Clipper）的绰号。

出场一分钟，打破冰球种族歧视第一人

1948年3月13日，是一个值得被记住的日子，吴启光代表游骑兵队上演了自己的NHL生涯首秀，客场挑战蒙特利尔的加拿大人队。

当比赛进入到第三节后期，吴启光身披11号球衣作为替补上场，打了一分钟的比赛。在他踏上赛场的那一刻，冰球场上有史以来白人球员一统天下的肤色壁垒被打破，有色人种球员在那一天站上了冰球运动的最高舞台。

虽然吴启光整场比赛只在末节短短登场一分钟，但这并不妨碍他里程碑式的伟大，因为这是华人球员登上NHL冰场的第一人，也是登上NHL赛场的亚裔球员第一人，这比首位黑人球员登陆NHL还早了十年。

这在当时的加拿大，以及华人圈引起了不小的震动，吴启光被纽约媒体冠以“KING KWONG”（谐音金刚）的称号。后来，加拿大华人联合行动（ACCT）基金会创始人兼主席鲍胡婴仪（Teresa Woo-Paw）在纪念吴启光去世时表示，“作为一位在排华时代现身NHL赛场的第一位华裔。吴启光绝对是我们所有人崇敬的开拓者，是鼓舞人心的榜样，他的故事则是对体育界打破种族偏见和隔阂的有力回击。”

吴启光自己也能为其他少数族裔运动员打开通往NHL的大门而感到骄傲。当有媒体请吴启光回忆那次踏上NHL球场的瞬间，他自豪地说，“我打破了这一点点冰球的历

史，可能我是第一个在 NHL 打过比赛的华人，但我相信这可以影响到更多华人的孩子们走进这项运动。”

他的职业冰球生涯持续近二十年。作为华人职业冰球运动员的先驱，吴启光的故事一直鲜为人知。直到在 2011 年的纪录片《失去的岁月》中，导演朱勤达（Kenda Gee）将他的故事搬上了银幕，其独特的人生经历才被许多北美华人了解。

2013 年，吴启光入选加拿大卑诗省体育名人堂。

2018 年 3 月 15 日，吴启光在卡尔加里去世，享年 94 岁。

民间请愿，推动吴启光入选加拿大冰球名人堂

最近，一些吴启光的球迷、朋友纷纷发起了推动吴启光入选加拿大冰球名人堂的活动，以纪念这位七十五年前打破 NHL 肤色隔离和种族歧视的首位华人球员。

冰球名人堂坐落于加拿大安大略省多伦多，是为纪念冰球的历史而设，它是名人堂，同时也是博物馆。它展出各种关于球员、球队、NHL 的记录、大事记和 NHL 奖品（包括史丹利杯）的陈列品。冰球名人堂最初于 1943 年在安大略的京士顿建成。

从 1945 年开始选择最杰出冰球人士入选名人堂，至今已有四百一十七人入选，包括球员类别，创建类别和裁判类别。但至今，还没有一位华人入选。

支持者认为，2023 年将是纪念吴启光最合适年份。因为 2023 年将是他进入 NHL 联盟的七十五周年纪念日，2023 年也是他的一百岁冥诞。

一位叫 Christopher Woo 的年轻人专门发起了一份网上请愿书，为吴启光入选名人堂的努力收集签名。截至本稿发稿时，已有逾八千个请愿签名。

吴启光理应成为加拿大之光

如果华人冰球明星吴启光能够成功入选冰球名人堂，其意义与温金有肖像能够最终登上加拿大五元新钞有异曲同工。

此外，2023 年的特殊意义还在于是《排华法案》一百周年的纪念年。如果能用吴启光入选冰球名人堂来纪念之，不仅是为了纪念华人先辈在排华法期间的不屈不挠，更是为了纪念像吴启光这样的先辈自强不息来打破种族歧视的壁垒和桎梏。

因此，吴启光如果能够成功入选冰球名人堂，不仅是华人之光，更是加拿大之光。

（原文发表在《高度周刊》2022 年 11 月，本文有修订）

古琴大师，音乐大使

1985年10月的一天，秋高气爽。一位加拿大邮政的信差，把一个黄色的牛皮纸大信封，送到了温哥华东区的一个地下室居所。信封的左上角，印有加拿大国家博物馆的标志，收信人叫郑正华。打开信封，只见一封写在国家博物馆信笺上的手写书信，信中通知郑先生，他用卑诗省的红松漂流木，亲手斫制的一床中国古琴，已被接受为加拿大国家博物馆的永久收藏。

收到此信，郑先生异常地兴奋，因为这意味着他中国制造的音乐才华和跨越国界的艺术贡献，得到了加拿大这个多元文化国家的官方认可。今天，这床收藏在国家博物馆中的郑氏古琴，俨然已为见证一个新移民，从生存到繁荣，漫长而孤独旅程，以及平凡而不凡职业生涯的佐证，也是音乐家用琴声表达对音乐的热情，传播和谐，和弥合文化差异的物证。

沉浸于博物馆的童年

郑正华出生于上海的一个名门望族，祖籍是位于上海以南约两百英里的宁波。其家族在清朝时期世代出仕为官，士人众多。他祖上级别最高的官级是二品官，相当于现在的副国级，故宅中“进士第”匾额仍在。

郑家名人轶事不少，其中一个是关于他的祖屋。该祖屋以其藏书楼而闻名，被称为“二老阁”，仅次于宁波的“天一阁”。郑氏家族收藏了大量的经典书籍，其中许多后来被捐赠给一家国立博物馆，以便更好地保存和维护这些古典书籍。

其实，很多有关郑氏家族的历史和故事，郑先生也是直到成年后才知道。然而，在他的童年记忆中，最鲜活的是关于父亲经常带他参观各种博物馆和艺术展览。他说，这种参观博物馆的原因很有趣——“我们一家有六个孩子，我妈妈觉得六个孩子在一起太吵闹、太忙乱，所以我爸爸经常带我们几个出去。”

郑先生的父亲是一位花布设计师。他利用照顾孩子的时间探索当地的博物馆和艺术展览，以深入了解艺术的动态和趋势。在这些参观中，给童年的郑正华留下最深刻印象的是博物馆中各种形状和风格的中国传统乐器，包括古筝、二胡、笛子、琵琶、古琴、和箫等等。

这种身临其境的博物馆体验，居然开启了他音乐家的人生之路，也加深了他与博物馆的渊源。

音乐神童获大师加持

在上小学四年级时，一位高年级学长义务教低年级同学吹笛子。一两毛钱买的竹笛，开启了郑正华的音乐生涯。

郑先生觉得自己很幸运，能够向大师级的前辈学习音乐。自从高年级学生那里学习了基本的指法以后，郑先生迷上了笛子，放学以后，在家里，在走廊里，在公园里，他随时随地练习吹笛。几年后，上海民族乐团成立音乐学校，招收了新学员。郑正华被录取，师从被誉为“中国魔笛”的笛子演奏大师陆春龄。那一年，郑十四岁。

郑正华青少年时期就表现出了非凡的笛子表演天赋。时任上海民族乐团副团长的孙裕德非常赏识他的才华，收他为徒。素有箫王之称的孙裕德，教授郑正华演奏箫和古琴二重奏。郑正华被这种二重奏演绎出丰富、细腻、飘逸的旋律声音，凸显中国古典复调音乐的博大精深而深受折服。郑当时十六岁。

郑正华的第三次拜师仪式是在他三十岁时正式举行。然而，自从他加入上海民族乐团，他就已开始向古琴大师张子谦学习古琴，张子谦在乐团中与孙裕德演奏古琴、箫二重奏曲目达数十年。随着时间的推移，张和郑之间的友谊超越了一般的师徒关系，成为同事加朋友。

文化大革命爆发后，乐团的每一个人每一天都在焦虑不安中度过。郑、张两人互相扶持，渡过难关，守护着他们的事业，守护着彼此的生命，守护着与生命同等重要的珍贵古琴精品。

郑正华跟随三位大师的教导，成为笛子、箫、古琴的独奏和二重奏专业演奏者。他还掌握了修复旧古琴的技能，甚至学会了古琴斫制手艺。三十岁时，他已成为一位多才多艺的著名中国民乐音乐家，正验证了孔夫子所讲的“三十而立”。

“昆仑山上一棵草”

进入 20 世纪 80 年代，中国的文化大革命终于结束，再次向世界敞开了大门。郑正华是第一批走出国门，渴望从头开始的国人之一。他拿着好不容易拿到的探亲签证，口袋里揣着仅有的两百美元，只身一人来到了云城。不巧的是，他的亲戚刚刚回了香港，郑正华不得不独自一人生活。虽然已经三十五岁了，但他决心重新开始。

郑正华常常称自己为“昆仑山上一棵草”。这其实是一部 1962 年中国电影的片名，讲述了一个年轻女孩毕业后，到昆仑山工作的故事。女孩在一位热情而坚定的女士的帮助下，克服所面临的各种千辛万苦，在条件艰苦的昆仑山坚守成长的故事。

来加拿大之前，郑正华在新闻上看到过有关温哥华中国民族乐团的报道。他联系了乐团的负责人，了解到乐团的所有成员都是兼职的业余音乐爱好者。乐团正在寻找一位可以帮助他们练习和表演的专业人士。

这看起来是一个理想的匹配。来到加拿大后，郑正华给位于唐人街的民乐团作志愿者服务，因为他当时只是持有访客签证，不得打工就业。在等待移民申请审理的近三年时间里，帮助安排、进行和指导民乐团的排练。在此期间，郑正华还受邀在 UBC 大学举办独奏音乐会，展示了他作为专业古琴演奏家的才华。

渐渐地，温哥华的许多观众对中国古琴产生了浓厚的兴趣，被这种乐器发出微妙而精致的声音所吸引。有的甚至请郑老师教他们弹奏。每次去教课，他不得不从西温步行两个小时到唐人街，以省下公交车的车费。晚上睡觉，没有厚被子，只能用父亲送的军大衣盖在身上驱寒。郑正华对自己早年在加拿大遇到的经济窘境直言不讳。

经过漫长的等待，郑正华终于看到了隧道尽头的曙光。因为他的音乐才华符合特殊人才类别的移民资格，并得到温哥华华人社区物质和精神上的大力支持，两年后他的移民申请获得批准。三十七岁那年，他终于开启了人生新的篇章。

一床卑诗斫制、渥太华收藏的中国古琴

郑老师教授古琴时，学生需要乐器来练习，但当地商店没有中国古琴可买。于是，郑正华开始亲手为学生制作古琴——专业术语叫斫琴，就是对古琴进行精工细作的一种工艺技术，需要有专业技术的琴师才能完成操作。

古琴是中国最古老的弹拨乐器之一，类似于古筝。古琴因其有七根弦而被称为“七弦琴”。古琴的主体部分是一个狭长的木制音箱。一把制作精良的古琴，可以模仿大自然的风声萧萧、雨声沥沥、河水潺潺、幽谷啸啸。

据传说，孔夫子在教学生时，会一边演奏代表中国传统音乐文化的乐器——古琴，一边讲授着“工欲善其事，必先利其器”。

古琴音箱优劣的秘密就在于音木，但温哥华哪里能找到这样的音木呢？有一天，郑正华沿着卑诗省阳光海岸的海滩独步，看着大海，想念着太平洋彼岸的家人。突然，他发现涨起的潮水把一块漂流木冲上了海岸。见状，他叹气道，自己就像一块远道而来的漂木。他在心中问自己，这块漂木是否可以得到更好的利用，或者就永远躺在这海滩上？

他捡起沙滩上一块晒干的漂流木，用手指轻轻敲击之，漂木发出轻柔醇厚的“砰、砰、砰”声。郑正华交上了好运（Knock on wood）。

加拿大的红松木材以柔软且纹理直而闻名，这使其成为斫制古琴的绝佳选择。漂流木经过多年的风吹雨打、阳光照射、海水浸泡等自然因素的作用，是打造完美古琴音色的理想材料。

为了满足自己的教琴和乐迷的学琴需要，他尝试制作

了几床古琴。1983 年，他斫制了一对古琴，并刻上“龙吟”两个汉字，这是为了象征极其微妙和精致的声音。其中一床作品于 1985 年被加拿大国家博物馆永久收藏，而另一件则用于他的教学和表演。

同是 1985 年，他的妻子和女儿在温哥华与他团聚，他们的家庭终于像古琴的音箱配上了琴弦一样，成为了一个完美的整体。

演绎东方旋律的和谐大使

在来加拿大之前，郑正华曾为到访中国的法国、西班牙、美国、南斯拉夫、丹麦、加拿大等世界多国元首演奏竹笛。此外，他还参加过许多重要的音乐节。因此，他的演奏水平之高，已经在国内和国际上获得了认可。

在 UBC 举办了首场加拿大个人演奏会之后，郑正华陆续收到本地和国际演奏的邀请。

1985 年，他在温哥华民谣音乐节上表演了笛子独奏。在演出中，他演奏了各种类型的笛子和中国传统管乐器。根据音乐节网站的说法，“‘表演’这个词并不能准确地描述他的演奏，郑正华可以让乐器唱、跳、哭、笑，上下跳、翻筋斗，甚至可以使枯木逢春，铁树开花（‘spit wooden nickels’）。”

第二年，1986 年世界博览会在温哥华举办。郑氏一家受邀，在世博会现场，为来自世界各地的访客嘉宾表演。郑老师的妻子是一位中国古筝大师，他们十三岁的女儿是一名有天赋专修钢琴的学生，郑正华用笛子和她们同场登台，一会儿独奏，一会儿二重奏，令台下观众如痴如醉。

短短一个月内，郑氏一家就演出了一百场。为了表彰他们对温哥华世博会的独特贡献，时任卑诗省省长 William N. Vander Zalm 向郑正华及其家人颁发了荣誉奖状。

一次，郑氏一家受邀到曼尼托巴演出。当地的《曼尼托巴新闻报》，在 1986 年 3 月 20 日发表的一篇题为《中国的神奇音乐》文章中，称郑氏的中国民乐音乐会，验证了科特·萨克斯提出的音乐世界的分类理论。萨克斯认为，西方古典音乐表现和声，非洲和南美音乐强调节奏，而东方音乐世界突出旋律，彼此截然不同。但是，郑正华一家，居然用他们的中国民乐表演，展示了异曲同工之妙。

郑正华还受邀到国外多个地方巡演。其中包括 1987 年在香港中文大学，1988 年在台北音乐厅，1990 年在台湾高雄，2005 年在美国印第安纳博物馆，2011 年在台湾彰化，以及 2023 年在老家宁波孔庙等地，表演古琴专场。

无论他走到哪里，郑正华始终用琴声表达对音乐的热情和传播和谐的愿望。他致力于演奏古琴，并利用古琴的优雅旋律，作为促进平和与宁静的工具和介质，震撼人的内心，令人鼓舞。他通过音乐这一人类通用语言来弥合文化差异的努力，无疑是我们共同创造一个更和平美好世界的典范。

传艺授业，桃李满天下

《高山》和《流水》是古琴的两首名曲。传说先秦的琴师伯牙，一次在荒山野地弹琴，弹奏的正是《高山》和《流水》。一个叫钟子期的樵夫路过，竟能领会这是描绘“峨峨兮若泰山”和“洋洋兮若江河”。伯牙惊道：“善哉，子之心而与吾心同。”钟子期死后，伯牙痛失知音，摔琴绝弦，终生不弹。

在中文中，知音一词的字面意思是知道音调，引申含义指的是真正了解你的亲密朋友。正如中国谚语所说，千金易得，知音难求。对此，郑老师有自己的秘诀，“我不是去寻找知音，而是教他们弹奏古琴，让他们变成知音。”

如今，郑先生已年过七旬，仍老当益壮。在龙年新春的一次温哥华唐人街的古琴讲座上，他用带着沪语口音的普通话娓娓道来，“人生所追求的并非单指物质上的享受，更是精神上善待自己，给自己灵魂以富养。”郑正华对未来的规划是选用加拿大良材斫琴，修好老琴，培养新人，让曾经与士人相伴不离左右的琴声回归人们的精神世界。

他至今清晰地记得当年师父陆春龄、孙裕德、张子谦是如何将他培养成一名音乐家。他同样欣喜地记得，他以前的学生已经成为各个领域的行业翘楚。郑老师自 1985 年起担任 UBC 民乐客座讲师三年，自 1988 年起担任台湾艺术大学客座教授三年，自 1990 年起担任台湾道河学校古琴老师三年，2004 年担任台湾中兴大学通识教育课程“艺术与生活”导师，2012 年担任台湾南华大学客座教授。他的学生遍布世界各地。

现在，郑老师的学生跨越不同年龄，都是中国传统音乐的爱好者，尤其是古琴爱好者。郑老师希望有一天，他的古琴旋律能吸引更多的乐迷，让他们成为知音。

古琴遗产，宜珍藏之

如果说，真正的知音比黄金珍贵，那么郑老师的手工斫制古琴同样珍贵，值得博物馆收藏。用卑诗海岸的漂木斫制的龙吟古琴于 1985 年被加拿大历史博物馆收藏，彰显了其历史价值。

除了加拿大博物馆收藏的古琴之外，郑老师还斫作了一对姐妹古琴的另一床，多年来，他一直使用着这床古琴。2003 年，古琴演奏艺术被联合国教科文组织认定为人类口头和非物质遗产代表作。为了纪念这一成就，郑先生聘请了一位书法家在他的龙吟古琴背面刻下了这样一段话："琴属世界人类文化遗产，吾选加拿大良材红松制龙吟琴，显示加国推行多元文化成果。此琴音色尚好，宜珍藏之。"

作为一个从小在博物馆的沉浸中长大的音乐人，郑正华明白，博物馆藏品中的一件小小物品，对年轻一代可能产生的巨大影响。

（原文发表在《天时周刊》2024 年 4 月）

小野三太跳槽，再现加拿大职场的尴尬

现年五十九岁的 UBC 大学校长兼副校监小野三太（Santa Ono）博士，本周宣布将卸任已任职六年的 UBC 校长一职，转而将于今年十月出任美国密歇根大学新校长。

在加拿大温哥华出生、在美国长大的小野具有加美双重国籍，不管是在加拿大或是美国的机构供职，本都不失为国服务的道德高度，但也暴露了加拿大职场的尴尬和无奈。

俗话说，人往高处走。小野的跳槽，使加美的职场高低立现。

据《QS 世界大学排名》榜，2022 年 UBC 大学全球排名第 46，而密歇根大学排名第 23。当学生在报读大学时都要看排名、选名校，当校长的当然也会有所选择，谁不喜欢名列前茅呢？

除学校排名差距之外，薪酬的高低更是立见高下。据媒体报道，小野在 UBC 大学 2020-2021 年度总的酬薪为 611,712 加元（约 471,000 美金），包括基本工资为 479,400 加元（约 368,433 美金）。转任密歇根大学校长后的基本年薪将不低于其前任的 927,000 美元，瞬间几乎就是薪水翻番。

不知作为华人女婿的小野先生，是否也听说过有一种工作，叫作“钱多事少离家近”？他跳槽以后，钱多是肯定的，因为至少薪水翻番了。事少却未必，因为从在校学生和毕业学生的人数来看，UBC 大学和密歇根大学的规模相左。UBC 目前有来自世界各地的学生 68,000 人，分布于全球的毕业校友达 37 万人；而密歇根大学的学生人数为 46,000 人，毕业的校友人数近 50 万人。

但离家近那也是不争的事实。据小野对媒体表示，他从 UBC 跳槽到密歇根大学，就是因为他和他的华裔太太都想搬到离年迈的父母更近一点的地方居住。“父母在，不远游。游必有方。”看来，小野夫妇是深受亚洲传统文化孝道的影响，真是难能可贵。

不管是为了人往高处走，还是追求钱多事少离家近，跳槽在职场中本来就是稀松平常之事。但小野的跳槽，又带出了加拿大职场人才留不住的老大难问题。

难点之一，就是海外学历和资质难以在加拿大职场畅通无阻。加拿大是个移民国家，五分之一的各类人才来自世界各地。但到加拿大以后的，由于各种专业技能岗位都必须得到相应的加拿大资格的认证，否则难以从事本专业的工作。最明显的就是医生、护士、律师、工程师、教师、会计师等等，都是华人职场比较追捧的专业领域。

如果海外资历认证是各级政府或行业监管机构强加的限制，而对外来人才的海外工作经历不屑一顾，一味强调本地工作经验，则是加拿大雇主的偏执了，此乃难点之二。

而最明显的难处，还是加拿大职场的薪酬与美国相比，明显缺乏竞争力。小野校长跳槽密歇根大学后的收入，整整比在 UBC 时要翻一番。

虽然这只是个案，而从整个职场的平均水平来看，2022 年加拿大的年均收入为 54,630 加元，美国的年均收入为 53,490 美金（约合 69,537 加元），美国比加拿大高出近 30%。当然，两地薪酬的差异也会因专业、工种、地区等不同而有所变化。

这也就难怪，加拿大统计局今年刚刚推算，有四百多万公民在海外居住、生活、工作，而美国的官方数据也显示，2019 年有三百一十万加拿大人在美国，也就是超过四分之三的海外加拿大人都去了美国。

加拿大职场的老大难问题，对华裔人士的影响还是非常明显的。对技术移民来说，海外资格认证和本地工作经验不足，一直是他们在加拿大职场顺利发展的拦路虎，而薪酬低于美国，也一直是华裔专业人士心里的一根刺。

当然，对投资移民或企业家移民而言，职场上的这些特质和差异对他们本人也许并无太大的影响，但对他们下一代在完成本地或欧美的高等教育之后准备进入职场的时候，也会是同样令人心烦的事情。孩子到哪里去获得和积累加拿大雇主偏好的本地工作经验？加美收入差距这么大，是去美国发展还是留在加拿大？

其实，不仅是华裔人士对美加酬薪的差距在意，其他族裔也同样如此，甚至包括土生土长的白人家庭。

日前有幸与加拿大前保守党总理哈珀先生座谈聊天，其中聊到越来越多的加拿大孩子去美国工作的话题。他说他当年从政参加选举时还抱在手里的一双儿女，现在都已经长大成人，在美国完成学业后，留在美国职场发展。女儿在律师楼工作，儿子则开始了高科技企业创业，孩子们都干得风生水起。

言语之间，完全可以感受到作为一位父亲，对孩子成长和职场发展的骄傲，同时也可以感受到子女不在身边的一丝丝失落。随后，他话锋一转说道，加拿大人就应该准备好，抓住全球的机会。

小野校长显然也是抓住了机会。我们华裔人士是否也应该突破舒适区，抓住属于自我的各种职场机会呢？

（原文发表在《高度周刊》2022 年 7 月，本文有修订）

最后一天上班

最后一天去公司上班，会是怎样一种状况？

凡是过来的人，肯定都有自己的体验和感受，有的会是感叹结束，还有的可能是期待开始。尚未经历的人，也许会有各自的想象，惋惜、庆幸、失落、期盼…，最难得的恐怕就是要拿得起，也要放得下。

今天就是我去公司上班的最后一天，也是充实而快乐的一天。

一大早，窗外的小鸟已经开始叽叽喳喳地歌唱，似乎在提醒我，早起的鸟儿有虫吃。晴好的天气把空气过滤成透明的一样，蓝天白云，青山绿水，就像一幅高清的山水立体画面。虽然已经过了夏至，依然凉爽的空气中渗着一丝清凉甜意，令人神清气爽。

开车去 Downtown 办公室，好像红绿灯也给予特别礼遇，一路绿灯放行。

停好车，照样按老规矩，沿着楼梯开始上楼。从疫情开始以来，为了避免乘坐电梯的封闭空间，开始逼迫自己走楼梯，去位于高层的办公室。为的是安全，没想到却意外收获了小小的健身锻炼，也算是无心插柳吧。

从地下停车场负三层算起，到办公室楼面，一共二十多层楼，四百多个阶梯。每天去办公室上班，必然是一个台阶又一个台阶地向上爬，这个登楼锻炼的习惯就这么养成。

尽管习惯已成自然，但每次登楼上班进到办公室，依然难免会心跳加速，额头微汗，就像正式比赛前的热身，也算是为每天的工作准备好最佳的状态。

但是，最后一天的工作，显然与往日不同。电话好久没有响起铃声，电子邮箱里已没有几封邮件，会议室也仿佛是人去灯灭，只有多年一起工作的同事，耐心地记录着所有要转交的工作安排。

不仅耐心，而且有爱心的同事，一会儿送来了一大束含苞待放的芍药花，以及一张有公司员工签名的告别贺卡，贺卡上写着对几年来一起走过的共事历程的回味和对时光飞逝如烟的感叹。

时间真的会飞。一转眼间，已经是午餐时间。细心的同事特意安排了一场丰盛的告别午餐。疫情以来，很长一段时间没有去餐厅堂食。直到最近，政府的防疫管控已经允许聚会和堂食，才感觉到人们的生活正在慢慢恢复到从前的正常模样。

天下没有不散的筵席。而没有散场的人生还得继续，继续那重要的和不重要的大事小事。

人生最重要的是什么呢？古人云，“久旱逢甘雨，他乡遇故知，洞房花烛夜，金榜题名时”乃人生四大要事。而很多现代人则把找到自我，终身学习，锻炼身体当作人生最重要的三件事。

所谓找到自我，其实就是一个自我选择，自我定位，自我平衡。什么是自己擅长的？什么是自己喜欢的？什么又是能使自己受益最大的？如果能在这三维考量中找出集合点和平衡点，一个人也许就能最好的把握自我，一个人的人生状态肯定也不会差。

选择就要懂得取舍。回想自己一路走来的职场历程，其实今天已经不是第一次的“最后一天”去公司上班了。

千禧年那年，人类刚刚平安地应对了当时 Y2K 的挑战，我一封辞职信，告别了申城一个旱涝保收的铁饭碗，带着家人奔向了远方，迎接更大的挑战。两年后，又离开了云城著名山顶上的大学那带风景的房间，来到了一个面朝大海，春暖花开的海景办公室，成了联邦智库的一员。十多年以后，出于对商务业务的兴趣，又加入了本地政府招商引资的工作团队。再后来，就有了今天。

其实，每一次的“最后一天”都是取舍的交替，都是在为找到自我，实现“做喜欢的事，喜欢所做的事”的目标而寻寻觅觅罢了。

要找到自我，做出智慧的取舍，真的离不开终身学习，所谓活到老学到老。

子曰，“学而时习之，不亦说乎”，屈原也说过，“路漫漫其修远兮，吾将上下而求索”。学习不仅使人获得信息，知识和技能，提高自己，而且使人得到一种超越感官愉悦的精神满足。

有时候，是经过千辛万苦获得了突破，通过努力使自己的专业技能得到了提高的快感。有时候，也可以是与古今中外智者穿越时空的对话，通过感悟使自己的认知能力得到了提升的快感。还有时候，是与志同道合的同行者面对面地交流，通过传递正能量使自己的影响能力得到认可的快感。

所以，这几年来，新年伊始，都会默默地给自己立个小小的Flag，上一门世界名校的网课，或报一个优秀平台的培训班。陆陆续续，居然拿到了不少名校的单科结业证书，有哈佛的，有麻省理工的，也有多大的和UBC的。每次完成新年Flag，都会有点小小的惊喜和骄傲，但绝对不是满足。

光有找到自我和终身学习的人生还是不完美的，锻炼身体也是人生最重要的事之一，因为锻炼就是为了健康。

人们常说，健康是 1，财富、地位、爱情、家庭等等无非是后面添加的几个零。没有前面的 1，后面全部归零。没有了健康，其他一切再多都无福享受。

住在云城的人显然是有福的，也是幸运的。滑雪，下海，登山，林中健步，都只是在半个小时的车程之内可达。下班以后，夏天可以去松鸡山登山，冬天还可以去西摩山夜场滑雪。疫情开始以后，很多运动场所都限制使用甚至关闭，户外骑自行车运动就成了不二之选。

而骑车运动的另一个好处，就是可以自由选择线路和目的地，一路骑行，一路观景，随时停下来拍摄美景，真可谓“行摄自由”。

科学家爱因斯坦说过，人生就像骑自行车。唯有前行，方得平衡。锻炼运动是如此，人生职场更是如此。

可能我天生就不是一个原地踏步的人，即使是最后一天去上班，也会选择走楼梯。也许这就是所谓的人往高处走吧。

（原文发表在《高度周刊》2022 年 7 月，本文有修订）

第四章

我与原住民

明天也许会更美好。

——Willie Dunn

图腾柱代表我的心：加拿大原住民与中国情

从成都双流国际机场，沿着 S1 成绵高速复线一路向北，约两个半小时车程，就来到北川新县城。走进城东北角的北川羌族民俗博物馆，在一楼展厅，赫然矗立着一根约两层楼高，上半部雕刻着雄鹰、下端雕刻着灰熊的图腾柱。

图腾柱是加拿大印第安人古老文化的历史遗产，在加拿大非常普遍，几乎随处可见。怎么在中国偏远的西部小城会陈列着一根加拿大原住民的图腾柱？为什么又会把它安放在四川的北川新城？

这得从一张新闻照片说起。

汶川地震揪住卑诗大酋长的心

2008 年 5 月 12 日，全世界的各大媒体都在播报一条令人震惊的突发新闻——中国四川省汶川县发生里氏八级大地震。

世界各地，无数人在电视机前，从报纸上，从互联网上，关注着这个揪心的消息。在加拿大卑诗省，有一位原住民酋长，每天含着泪，看着电视里关于汶川地震的后续报道。这个酋长就是加拿大卑诗省原住民民选自治组织——卑诗省原住民峰会（BC First Nations Summit）——执行大酋长爱德华·约翰（Grand Chief Edward John）。

有一天，当他看到了一张羌族老者，在倒塌的自家屋外手握羊皮鼓的照片，他被感动得再也坐不住了。经过千辛万苦的安排沟通，约翰大酋长自发组织了加拿大原住民代表团，专程到灾区慰问受灾的汶川人民。

来到受灾最严重的北川，虽然到处是被地震损毁的废墟，但是他们看到的是灾区人民的坚强，刚刚从废墟里走出来的北川人，并没有被压倒，而是采取各种方式互助自救。特别是在看到当地羌族人民用自己传统的方式，击打羊皮鼓，跳起民族舞，来鼓舞人们的抗灾士气和生活意志时，加拿大原住民代表团被深深地感染了，因为敲起羊皮鼓，载歌又载舞，也是加拿大原住民的文化传统。

后来，大酋长对记者说，他在北川看到的是一种似曾相识的民族精神！

筹备礼物表达加拿大原住民的祝福

回国后，约翰大酋长被北川羌族人民的民族精神深深打动，一个念头一直在心头打转，就是如何以加拿大原住民特有的方式，向北川人表达敬意和祝福。

最后，他决定以加拿大原住民传统的图腾柱，作为礼物送给北川人民。他觉得，这样做“既是为了纪念和记住那些在地震中往生的人，也是为了振作精神以抹去失去家人和亲人的幸存者的眼泪。”

图腾柱是纪念性的木制雕刻，是加拿大西北海岸的一种原住民艺术，由杆、柱子或支柱组成，并刻有符号或图形，有兽、鸟、人物或其他图腾，并通过艺术变形加工而成。图腾雕刻品可以象征或纪念祖先，讲述熟悉的传说，宗族或显著事件的文化信仰。图腾柱也可以体现出对雕刻和安装图腾柱的人们具有重要意义的历史叙述。

传统上，原住民的图腾柱有多种类别，迎宾柱以欢迎贵客来宾，房屋柱为建筑物增添声望，纪念柱以纪念酋长和英雄，耻辱柱以羞辱敌对者等。他们的祖先通过图腾柱为抗衡自然和祈福平安，创造出很多神话故事，以此激励着一代代的印第安人生息繁衍。

所以，选用图腾柱作为礼物送给深受地震灾害之苦的北川人民，是具有非常特别的、发自内心的纪念意义。

雄鹰灰熊象征北川人民的力量和勇气

北川能够从悲壮走向重生，靠的就是北川人民的力量和勇气。

由约翰担任执行大酋长的卑诗省原住民峰会牵头，在加拿大联邦政府和卑诗省政府的支持下，图腾柱由卑诗省特斯拉市西北社区学院的弗雷达·迪辛学校艺术系的导师与学生们精心设计雕刻制作。

2010 年 1 月，4.9 米高的图腾柱顺利完成制作。它取材于加拿大西部最好的红雪松，上端刻有象征天空之神并代表力量与智慧的雄鹰，下端刻有象征大地使者并代表勇气和谦逊的灰熊，充满了加拿大原住民传统的文化气息和祈福寓意。

图腾柱制作完成以后，得到了特斯拉市原住民的首领和部落长老的祝福。约翰大酋长还专门赶到学院，和参加设计雕刻的师生以及中方代表一起，共同祝贺图腾柱的顺利完成。

但是，如何将这么超长、超重的图腾柱，完好无损地运送到中国，却成了一个棘手难题。

总督专机运送图腾柱抵四川

2010年6月，一个出乎意外的好消息，使这个难题迎刃而解。

当时的加拿大总督米歇尔·让阁下（Michaëlle Jean）于6月30日到7月5日对中国进行国事访问。经与总督办公室协商，原住民赠送给四川地震灾区的图腾柱终于可以搭载总督的专机前往中国。

于是，图腾柱被用6层红布妥善包裹、装箱，小心翼翼地踏上了前往东方文明古国的路程。约翰大酋长也作为总督访华代表团成员之一，亲自护送图腾柱前往四川。

这似乎印证了当年李白所言，“蜀道之难，难于上青天！侧身西望长咨嗟。”

如其所愿，图腾柱安抵四川。7月4日下午，在成都四川博物院隆重举行了加拿大原住民向“5.12汶川特大地震”灾区，四川省北川县羌族人民捐赠图腾柱仪式。作为第一位访问四川的加拿大总督，米歇尔·让阁下夫妇和加拿大代表团成员出席了图腾柱捐赠仪式。

涅槃重生新建北川羌族民俗博物馆

5.12地震把北川老城完全摧毁了，如何妥善安置来自万里之外、代表了一份真诚祝福的图腾柱，又成了一个难题。

由于老县城地质条件恶化，“再造一个新北川”成就了北川人民震后的涅盘重生。

在新北川四百多个重建项目中，有一座形如羌寨的文化中心见证了震后的新北川。

由中国工程院院士、国家勘察设计大师崔愷先生亲自主持设计的北川羌族自治县文化中心，位于北川新县城中心轴线的东北尽端，向西与抗震纪念园相对，由图书馆、文化馆、羌族民俗博物馆三部分组成。其中的羌族民俗博物馆由澳门基金会捐赠建设。

设计构思源自羌寨聚落，以起伏的屋面强调建筑形态与山势的交融，建筑作为大地景观，自然地形成城市景观轴的有机组成部分，并与城市背景获得了巧妙的联系。开敞的前庭既连接三馆，也可作为各族人民交流聚会的城市客厅。

毫无疑问，再也没有比新建的北川羌族民俗博物馆，更适合永久安放这份来自加拿大原住民的礼物。

羌历新年举行图腾柱揭幕安放仪式

按照加拿大原住民的传统，图腾柱安放是一件极其重要的大事，必须进行隆重的庆典仪式才算正式完成。

2011 年 10 月 27 日是羌历大年初一，羌语称“日麦节”，是羌族一年中庆丰收、送祝福、祈平安的最为隆重的节日。此时完成图腾柱的安放仪式，再合适不过了。

与以往不同，那年的新年，北川羌族人民迎来了一批德高望重的加拿大原住民客人。

加拿大全国原住民联合会大酋长肖恩·阿特略（Shawn Atleo）、卑诗省大酋长爱德华·约翰（Edward John）和大酋长菲利普（Stewart Phillip）等原住民首领、代表，身穿民族服装，手持羊皮鼓，带领加拿大原住民代表团来到北川羌族民俗博物馆，参加图腾柱的揭幕安放仪式。这是加拿大原住民最高级别的访华代表团。

同样也是身穿民族盛装的北川羌族酋长和众族人，以羌族最隆重的传统仪式，列队欢迎远道而来的加拿大原住民贵客。

下午 4 时许，北川羌族民俗博物馆前铺上了红地毯，门前的图腾柱蒙着一层红红的薄纱。在一阵阵激越的羊皮鼓声中，羌红徐徐拉开，一根高 4.9 米的图腾柱展现在大家面前。加中两国的少数民族代表，纷纷向图腾柱共同献上祝福之礼，并在图腾柱前合影，留下记载两国人民民间交往的历史见证。

当天晚上，加拿大原住民代表团参加了羌族新年的“春晚”表演，与羌族人民共度庆丰收、送祝福、祈平安的美好时光。

酋长击鼓祝福羌族孤老健康长寿

5.12 汶川大地震发生后，北川有很多老人失去了亲人，失去了家园。

得知这个情况以后，加拿大卑诗省政府与联邦政府于震后的第二个月就联合宣布了价值八百万加元的灾后援助重建项目，包括建立北川羌族红枫敬老院，来安置这些孤老。

重建的敬老院采用了加拿大最先进的现代木结构建筑技术，以期达到最好的抗震和节能效果。位于北川羌族自治县擂鼓镇，总建筑面积 5,611.77 平方米，木结构部分面积为 4,578 平方米，包括了 92 个双人间、16 个单人间、12

间员工宿舍、2间员工套房，另外设有医疗服务区、休闲娱乐区、食堂、设备间、办公区、门球场、室外健身器材，室外设绿化带、道路、健身路径、菜地等。项目原定于2012年1月全部竣工，但大部分建筑已经提前完工，并部分投入使用。

羌族新年当天，到访的加拿大原住民代表团还专门来到红枫敬老院，看望已经入住的羌族孤老。

加拿大全国原住民联合会大酋长阿特略，更是手持羊皮鼓，击鼓为羌族老人祈福，祝老人家们健康长寿。

通商通婚体现原住民与早期华工的相濡以沫

如果说，羊皮鼓是联结加拿大原住民与中国羌族人民的神奇信物，并延伸出加拿大原住民图腾柱安置北川的当代美妙传奇故事，而加拿大原住民与早期华人相濡以沫的亲情联系，就可以说是源远流长。

有历史记载的华人首次来到北美西海岸是1788年，华人的船只停靠在卑诗省温哥华岛中西部的Nootka Sound湾，并记录有当时原住民与华人之间存在贸易往来，这比卑诗省与欧洲人的贸易还要早。

除了平等通商之外，不少华人男子与原住民女子通婚，生儿育女，共同生活在原住民社区，由此分享了原住民现代历史进程的一小部分。

伊莱恩·马洛韦（Elaine Malloway）是卑诗省斯道罗族群的Yakweakwioose部落酋长，她从小就听妈妈和长辈们说家族与华人联系的历史，还有亲戚姓华人的闵姓（音：Min），她的曾姥姥就是姓闵。

在家谱里也有这个记录，在修建太平洋铁路的时候，家族里有一个女孩与一个姓闵的华工结婚，并生了三个孩子。后来，铁路修建完工之后，那个闵姓华工决定带着两个儿子回国，但是留下了一个女孩。所以，家族里在中国的直系亲戚就成为一个谜。

酋长的母亲玛丽·马洛韦（Mary Malloway）也是部落里德高望重的长者。她听叔叔说过，他有华人血统，所以家族里有华人亲戚。但是，对于回中国的亲戚却至今音信全无，希望有一天能找到他们。

结语：图腾柱上寄深情

北川羌族民俗博物馆的图腾柱，寄托着加拿大原住民的一片深情。

这根图腾柱不远万里来到北川，非常地与众不同。它由原住民艺术家雕刻完成，乘总督专机而来，经加中两国酋长的祈福，被两国元首高度赞赏，才被安放在精心重建的博物馆里。

愿图腾柱能寄托对在地震中往生者的哀思，抹去失去亲人的幸存者的眼泪，更是象征并见证加拿大原住民与中国人民的情缘源远流长、世代流传。

（原文发表在《中国侨网》2021 年 2 月，本文已做修订）

《柯若夫之歌》：献给一位酋长的挽歌

《柯若夫之歌》（*The Ballad of Crowfoot*），是由蒙特利尔的原住民艺术家和活动家邓恩（Willie Dunn，1941–2013）生前亲自创作和导演的历史纪录片，于 1968 年发行。

电影一问世，就夺得多个加拿大第一的头衔：加拿大第一部音乐电影，第一部由原住民创作、导演、制作的电影，参与影片制作的人员全部由原住民组成。

电影的主人公，就是柯若夫酋长（Crowfoot,约 1830-1890），他的原住民名字叫 Isapo-muxika，英文的意思为 Crow Indian’s Big Foot，简称为 Crowfoot。中文意译为“乌鸦脚”，这在中文里既没有意思，也不好听。所以，我觉得采用音译为柯若夫，比较符合中文读者的习惯和尊重之意。

柯若夫是锡克西卡（黑脚）部落酋长，黑脚联盟领导人，原住民领袖，外交家。他以明智地使用和平谈判的手段，倡导原住民部落之间，以及原住民与当时欧洲定居者之间的和平相处而闻名。他在《第 7 号条约》谈判中发挥了重要作用，并阻止了黑脚联盟参与 1885 年的西北抵抗运动。

晚年，他还致力于促进与邻近原住民部落的和平相处。鉴于他对加拿大的贡献，2020 年，他被加拿大央行列入新设计的五元钞票头像的最后八位候选人之一。

这部电影是对加拿大殖民历史的有力审视，通过许多档案图像的惊人蒙太奇和邓恩本人创作演唱的民谣，讲述了 19 世纪，传奇的柯若夫酋长，代表原住民黑脚邦联与当时的加拿大政府谈判《第 7 号条约》的传奇而悲壮的历史故事。

《第 7 号条约》是加拿大政府与平原原住民之间签订的最后一个编号条约。

1867 年加拿大建立联邦国家后，开始准备修建横贯大陆的太平洋铁路，并向西部大规模移民，因此渥太华政府急需解决沿路原住民的土地问题。

对于原住民而言，签订土地条约其实也并不是完全被迫的。一些原住民首领意识到，他们那种以狩猎、采集为主的古老生活方式，将不可避免地要走向终结，因此他们希望条约，能帮助他们实现向农业社会的过渡。在这样的背景下，“编号条约”产生了。

从 1871 年到 1877 年短短的几年间，1 至 7 号条约，覆盖了整个加拿大南部适合农业生产的草原和丛林地区。从 1899 年开始到 1921 年，为了开发北部的自然资源和矿产，又签订了 8 到 11 号条约。

与电影同名的民谣，如泣如诉，催人泪下，荡气回肠，令人深思，俨然就是一首献给这位令人尊敬的酋长的挽歌：

春天来了，万物复苏
你颈上环着雄鹰爪
你头上佩着水牛角
今天，一位伟大的新酋长降临人世
快将他高举，迎向朝阳
心脏搏动，生命萌发
这是 1821 年
黑脚联盟之魂，从此诞生

柯若夫，柯若夫，为何流泪？
多年来你英勇无畏
为何难过？为何伤悲？
明天也许会变得更美

你的年华流逝，韶光飞过
你的心如磐石，你的意志如铁
你矗立在部落会议的篝火前
你有主张满怀希望
你讲的话字字珠玑
你的果敢行为出类拔萃
那是 1852 年
你是部落的头领
你是领袖，你是首脑
你对抗那些骗子和窃贼
他们以威士忌交易之名偷走了你的土地
他们来得迅猛如吹沙狂风
他们射杀野牛，剿灭公允
令他们的传教士蒙羞
这是 1864 年
你筹划和平，你谋虑战斗

柯若夫，柯若夫，为何流泪？
多年来你英勇无畏
为何难过？为何伤悲？
明天也许会变得更美

看到定居者纷沓而至
你坦然应对
看到苏族人饱受摧残，备受折磨
他们衣衫褴褛，食不果腹
内兹珀斯族如出一辙
这就像一场冷酷无情的把戏
那是 1876 年
敌人满是致命的招数
今天，条约摆在桌上
你会否签下你的名字？你又能如何？
他们说会提供食物和保护
你真的相信他们会信守承诺？
他们说的那个保障，听起来是否还那么诱人？
作为条件，你被迫放弃所有的领地
这是 1877 年
你知道天平如此失衡

柯若夫，柯若夫，为何流泪？
多年来你英勇无畏
为何难过？为何伤悲？
明天也许会变得更美

野牛被杀光，食物殆尽
政府允诺的食品依然如空中画饼
你的部族被白人带来的细菌传染致病
夏天他们染疾，冬天时已成僵尸
有时你会自问，为何那天会签下你的名字
但是，分明是他们背信弃义视条约如纸

那是1889年
你的死亡之星炸裂，寂然坠落

柯若夫，柯若夫，为何流泪？
多年来你英勇无畏
为何难过？为何伤悲？
明天也许会变得更美

岁月如梭，时光流转
这个国家已经强大
但是对于印第安人，一切依然照旧
艰辛仍在，痛苦仍在
艰辛仍在，矛盾仍在
苦难像磨过的尖刀一样寒光凛凛
还有那虚伪，还有那仇恨
这些在条约中有没有白纸黑字？还是因为生辰八字？
我们都是政府游戏中被丢弃的棋子
被责难的永远是印第安人的不是
这是金钱永远解决不了的难事
这是1967年

柯若夫，柯若夫，为何流泪？
多年来你英勇无畏
为何难过？为何伤悲？
明天也许会变得更美

可能有一天，你会发现诚实

而非习以为常的背叛
可能有一天，真相会占上风
以及它所带来爱的温暖

柯若夫，柯若夫，为何流泪？
多年来你英勇无畏
为何悲伤？为何难过？
明天也许会更美好

（原文发表在《高度周刊》2022 年 7 月，本文有修订）

屹立在海边的百年老树根，依然高耸不屈。

遇见 Inez Cook

听朋友说，在温哥华西百老汇大街上，有一家加拿大西海岸原住民风味餐厅，不仅美食独特，而且故事奇特。真期待疫情以后，一定要亲自前往打卡，领略原住民食物和食物背后的文化传奇。

癸卯新春之际，疫情禁令开启。兴冲冲，约上三五知己前往，亲身体验和感受加西原住民的美食和故事。

餐厅的名字叫 Salmon n' Bannock，中文就是“鲑鱼和班诺克”。顾名思义，这是一家主打烤鲑鱼和班诺克面包的餐厅。

鲑鱼主要分布在太平洋与大西洋、北冰洋交界的水域，属于冷水性的洄游鱼类，在淡水流域出生，成型后游入大海觅食成长，再洄游到淡水流域产卵培植下一代。

因肉质鲜美，营养丰富，成为很多家庭的桌上美食，也是西海岸原住民传统的主要蛋白质食品。班诺克就是一种原住民的传统面包。

餐厅不大，只有一开间。这在寸土寸金的云城百老汇大街上，能拥有这一席之地，也是不易。门楣上的招牌，用英文和原住民文字书写，餐厅的商标是鲜明的原住民鲑鱼图案，远远望去，一目了然。

进入餐厅，迎接我们的是一位原住民服务生。所有餐厅的员工，从前台到厨房，从老板到员工都是原住民人士。因为有了预订，她把我们直接引领到全店唯一一张临街靠窗的餐桌前入座。

窗外是初春夜色中的百老汇大街，春寒料峭，车水马龙，一派现代都市繁忙的情景。而窗内，全屋暖色系的色调布置，在柔和的暖色灯光映衬下，营造出一种温暖的原住民传统迎宾氛围。

就座后，对服务生说，我们希望能与餐厅掌柜 Inez Cook 打个招呼，服务生爽快地答应说，“她现正忙着呢，等她一有空，我就请她过来。”

于是，我们一边饮啜着餐前饮品，一边翻看着菜单，一边等待着与掌柜的见面。

一会儿，一位个子高高的中年原住民女士来到我们桌前，自我介绍说，“我叫 Inez Cook，是这个餐馆的掌柜。”

在了解我们的来意之后，Cook 一边热情地帮着选菜单点餐，一边慢慢打开了话匣子，脸色却渐渐凝重起来。

“我出生在 Nuxalk，但我是在白人家庭长大的。”Nuxalk 位于卑诗省中北部，是一个离温哥华开车距离九百多公里，属于 Bella Coola 的原住民社区。Cook 一岁时被人从原生家庭抱走，由一对想收养小孩的白人老夫妇寄养的。但因为他们年纪太老了，不符合寄养资格，最后由他们的女儿出面申请，并正式收留了还只有一岁，尚未开始牙牙学语的 Cook。

“这是一个充满爱的家庭，”Cook 说道。但是，她完全不记得她的原生家庭。

童年里，她经常在睡梦中，被一个反复出现的梦而唤醒并哭泣。“我知道这不是一场噩梦，但梦中有一位女士在和我说话，我不明白她在说什么。我多么希望知道她到底在对我说什么。”

直到几十年后，当她在成年后与原生家庭重新恢复联系时，她才知道生母的名字叫 Miriam，她才意识到她的母亲对她说的是母语—Nuxalk 族语。“是母亲在我梦里跟我说话，但是我听不懂。”

Cook 的童年显然是不幸的。更为不幸的是她的生母，因为她的童年是在原住民寄宿学校度过的。在寄宿学校里，她被禁止讲自己的母语，并经常受到暴力虐待、精神虐待和性虐待。

据估计，在 1880-1996 年加拿大原住民寄宿学校运作期间，大约有 15 万至 20 万名原住民儿童被收容在 130 多所政府和教会开办的寄宿学校中，其中死亡 6,000 多人，还有很多儿童莫名失踪。

Miriam—Cook 母女两代人无法相见倾诉，只能隔空托梦交流，竟然还因母语不通而不能听懂，这种悲惨境遇真不是用语言所能描述。

说到母女两代人的遭遇，虽然语气依然平静，但 Cook 眼睛里显然透着伤感和悲哀。她起身去倒了一杯水，再回来时随手拿来一本书，是一本儿童读物，有点像我们小时候看的连环画小人书。

书名叫 *Sixties Scoop*，中文翻译是《记 60 年代抱走原住民孩子行动》。“Sixties Scoop”这个术语专指加拿大历史上，从 1950 到 1980 年期间，原住民孩子被强行从自己原生家庭抱走，并安置在非原住民家庭，或被非原住民家庭收养的政策和行为。

据估计，当时共有超过两万名原住民儿童被强迫从原生家庭抱走寄养，其中就有 Cook 和她的妹妹。

这种做法现在看来简直不可思议，但在当时显然是欧洲至上，白人至上作祟。Cook 说。“人们相信我们过欧洲人的生活会更好，但它最终给后代造成了创伤。我是幸运儿之一。我在一个充满爱的家庭中长大。”

在书中，Cook 用第一人称，用小学生能看懂的语句，记叙了她的出生、童年、梦中的妈妈、被寄养家庭的“漂白”，但依然在学校里因肤色而被同学歧视、成年以后找到失落的妹妹，以及自我身份认定回归的叙事故事。

Cook 故事的本意是写给小学生看的，但她的侄女在 12 年级时读给她的班级听，同学们也觉得学到了很多东西。其实，我们每个想要了解这片土地上的历史的新移民或者是老移民来说，都是一本不错的课外读物。

Cook 用通俗易懂，直截了当的叙述手法来写作自己的故事，没有隐藏令人困难和沮丧的历史部分。她相信孩子们和其他读者可以面对诚实并欣赏它。

成人以后，Cook 投身于航空业，成为一名出色的空乘人员，俗称“空姐”。

她一干就是 33 年，先后为多家航空公司工作，这使她能够在世界各地生活，包括沙特阿拉伯，印度，埃及，乍得，尼日利亚，印度尼西亚和英国。最后加入加拿大航空公司，重新回到了温哥华。

正是这难得的工作经历，使她有机会与这么多地方的各种餐厅，食物和文化有了亲身的体验，也使她深深地爱上了餐厅和美食。“开一家自己的店一直是我的梦想，”Cook 说道。

听说我们一桌人分别来自北京，上海，南京等地，她便和我们聊起了中国。她说去过北京和上海，因为这些城市都有加航直飞航线，她多次执飞北京和上海，居然还曾经去过尚未开通加航直飞的天津。这是怎么回事？

原来，多年以前，一次执飞北京航班，因为遇到风暴天气，飞机改降邻近的天津机场，等候天气改善后再飞北京。

可是，这一等居然等了 10 个多小时。当时天津机场的海关工作人员已经下班，无法办理相关手续，整个航班的乘客和机组人员不能下飞机，只能在机舱里耐心等待。但这么长时间的等待，机上准备的食品和饮料因临时降落无法补充，大家是又渴又饿，机组人员更是超长时间工作而疲惫不堪。

最终航班顺利到达北京机场。就在完成执飞任务后，Cook 打出租车去酒店休息。但是祸不单行，在大雨中，出租车在立交桥上发生了严重车祸。虽然司机和乘客没有严重受伤，但车子已经不能动弹了。因为语言不通，Cook 只能自行离开去了医院。

等她醒过来时，已经是三天之后了。也许是超时工作太疲劳，也许是车祸受伤后遗症，她在医院里睡了三天。可以想象，这次经历肯定给她记忆深刻，甚至可能胜过了她对中国美食的回味。

2010 年，“开一家自己的餐厅”的梦想变成了现实。Salmon n’ Bannock 餐厅在百老汇大街上正式开张。

对 Cook 来说，过去母女两代人的悲惨经历和对食物的独特理解，深深地影响了她经营这家餐厅的价值观，并激励她在餐厅中推广和传承原住民文化。她最喜欢的一道菜就是“烟熏鲑鱼汉堡”，也是餐厅的招牌菜。

这道菜明显融入了原住民文化的一些关键元素。“鲑鱼对许多原住民来说具有精神意义，”她告诉我们。“它有一个令人难以置信的，变革性的旅程；它出生在淡水中，在返回淡水产卵和死亡之前，它会在咸水中生活。所以，它代表了生命循环。”

用于烹饪的腌料，取自于一种原住民的神圣草药干鼠尾草。用鼠尾草腌料涂抹鲑鱼后熏烤，会产生一种非常美丽奇特的泥土味。最后，烤好的鲑鱼放在新鲜出炉的班诺克面包中。每个班诺克从中间切开，一分为二，象征原住民在举行迎客时，双手摊开向上，表示欢迎之意。“这意味着每个人，无论其种族或文化如何，都会在这里受到欢迎。”

“我想提供的不仅仅是美食，”Cook 接着说：“我希望它成为人们了解原住民的一个途径。原住民面临着很多偏见和无知。但是，如果我们通过食物讲述我们的故事并分享我们的传统，我们可以以这种方式克服偏见和无知。食物可以帮助我们架起桥梁。”

餐厅的经营显然是成功的。就在 2 月中旬，Salmon n’ Bannock 餐厅在温哥华机场国际出发候机厅，开设了分号，提供更加便于携带的原住民美食。

如果你有机会，不妨抽空去尝试一下这家原住民的餐厅。因为它不仅为客人提供美食，更为客人提供了一个了解和欣赏原住民文化的机会，从而增进了跨文化交流和理解。

也许到那时，你会对为什么要对原住民的土地表示尊重，为什么要与原住民兄弟姐妹联手共同反击种族歧视，为什么要把加拿大建成一个真正开放欢迎之国，有自己的思考和答案。

（原文发表在《高度周刊》2023 年 3 月，本文有修订）

查尔斯国王登基，原住民为何再吁废止“发现原则”

伊丽莎白二世女王逝世，她的法定继承人查尔斯随即成为英国新的国王，同时也自然而然地成为十四个英联邦国家的元首，也就是加拿大的国家元首。

就在查尔斯成为加拿大新元首不到二十四个小时，加拿大卑诗省的第一民族领导委员会（FNLC）等团体就呼吁查尔斯三世国王，将废止“发现原则”作为他成为加拿大新元首的第一个正式举措。

这又是怎么一回事呢？

什么是“发现原则”？

“发现原则”（Doctrine of Discovery），原本是一个国际法的概念。按照当时欧洲国家的习惯法，如果一块土地是“无人之地”，那么，谁先发现它，同时又占用了它，谁就是这块土地的主人。

其根源可追溯到15世纪的一系列教皇声明，1493年5月4日，教皇亚历山大六世颁布了名为*Inter Caetera*的教皇诏书，为葡萄牙和西班牙在非洲和美洲扩张领土以传播基督教提供了宗教支持。教皇诏书说，可以要求没有基督徒居住的土地，而“野蛮的国家将被推翻并归于信仰本身”。

正是这个原则，为欧洲帝国在世界各地的冒险行为提供了法律辩护，包括北美的殖民化。

那么，教皇发布的诏书为什么可以成为“法律”？这是因为，国际法中有很多法律原则是“习惯法”，并不是“成文法”（没有相关的立法机构来制定这样的国际法）。教皇将相关的规则，作为习惯法颁布出来，各国王室就要遵守它，这就成了法律。不仅教皇颁布的“习惯法”就这样成立了，甚至欧洲各国王权的合法性，都曾经是由教皇批准的。

现在来看，这样一种获得土地所有权的方法显然是不合理的。这是一种 15、16 世纪的做法。完全没有考虑到各殖民地的“原住民”对他们自己土地的所有权。

从历史上来看，加拿大的土地也是根据这个“发现原则”，被英国和法国殖民者发现了并占为已有，成为“Crown Land”，也就是“普天之下，莫非王土”。

“被发现”的土地所有权

北美的土地所有权问题，在今天看来似乎是十分清楚的。

我要购买土地，我就要去查出这土地的原所有人是谁。比如在加拿大卑诗省，由于有一个土地所有权的电脑登记系统，只要查看这个系统，就可以知道这土地现在的合法所有人是谁。如果要追根寻源，是可以查出最初的主人是谁的。在一些省份，可以看到土地最初从 crown grant 那里获得的产权，就是“国王授权”。

学过世界历史都知道，美洲的土地原先都是由印第安人等“原住民居民”所拥有。这个情况，一直到 15 世纪中叶的“地理大发现”以后才发生了改变。

自那以后，美洲的土地形成了“土地所有权”的问题。美洲地区也形成了所谓的“主权国家”的情况。这些概念的出现，都是与欧洲人所称的“地理大发现”直接关联的。

而“地理大发现”所引起的这些概念又和罗马教廷直接相关，特别是和“发现原则”有关。当时的教皇把这样的原则也搬到了北美的土地（当然也包括一些非洲的土地）上，用这样的原则来授权各国（主要是葡萄牙和西班牙）去发现以前不为欧洲国家所知道的新大陆，同时允许他们去占有这些土地，并且获得相应的产权。

很明显，当教皇在这样做的时候，并没有把非洲和美洲由非基督徒所占用的土地看作“有人占用的土地”。教皇在这样做的时候，是把非洲和美洲的这些土地当作“无主之地”。也就是说，按罗马教廷这样的原则，那些非基督徒都不被看作是欧洲人所理解的“人类”。

他们所占有的土地，都是“无主之地”。谁发现，谁占有，谁就是这些土地的主人。所以，这样一种“发现原则”理论的错误地方就显而易见了。

“无人之地”的主人要求纠错，难！

“发现原则”不仅促成了加拿大、美国这些北美国家的现代土地权制度的产生，同时也深刻地影响了非原住民对原住民的看法和彼此的关系。

正是断言“殖民者正在把文明带给那些永远不会使自己文明化的野蛮人”，“发现原则”为原住民的殖民化、皈依和奴役，以及没收他们的土地提供了正当理由，还有学者认为，它甚至为加拿大对土地的主张和为建立寄宿学校作为法律依据的《印第安人法案》奠定了基础。

所以，近年来，作为所谓“无主之地”主人的原住民一直强烈呼吁废除“发现原则”。就在85岁的罗马天主教皇方济各今年7月为加拿大原住民寄宿学校发生的虐待儿童事件向原住民道歉而访问加拿大时，就有原住民活动人士在教皇参加活动的现场展示了大幅抗议标幅，上面书写着“废除发现原则”。

但问题来了。如果真的是废除了“发现原则”，那么当时由欧洲列强所“发现”的美洲新大陆，统统都不是“无主之地”了，都不能属于这些国家的皇家财产。同样，在“发现”了新大陆以后，由这些列强皇室所转让给他们的殖民地居民的土地，是否应该都视为无效呢？因为，这些列强王室从一开始就不拥有这些土地的所有权。所以，这些皇室也无从转让他们的财产。

也就是说，一旦废除了“发现原则”，北美的土地就应该要归还给原住民了。但从现实和操作性的角度来看，这样做的可能并不大。毕竟时过境迁，当年的欧洲殖民定居者（settlers），现在都已经演变成来自全球各地移民定居者（immigrants）。

推动寻求“和解”

很显然，在对待加拿大原住民被歧视、虐待，甚至是种族灭绝的历史问题上，仅仅是道歉、忏悔和赎罪是远远不够的。

要废除“发现原则”不能只是靠良心发现，而是需要行动。加拿大政府近年来一直采取“真相与和解”的行动计划，就是希望通过行动，才能了解真相；也只有通过行动，才能达到真正的和解。

查尔斯三世国王、加拿大政府及社会各界下一步该如何行动？

大家都拭目以待。

（原文作者钱路、半张，发表在《中国新闻网》2022年9月，本文有修订）

蓝天白云下，芦苇草在风中昂头挺立。

后记：加拿大的“国语”是包容

有一种排斥，叫作不会讲英文；有一种包容，叫作繁体、简体并用。加拿大的官方语言是英语和法语，而真正的“国语”是否应该叫包容？

五月下旬，香港国泰航空公司乘务人员，歧视不会讲英语的内地乘客事件曝光发酵，在全球华人社区引起不小的震动。

事件虽然不是发生在加拿大。但是，五月正是加拿大的亚裔文化月，这是一年一度的全国性的系列活动，专门介绍亚裔加拿大人的文化、艺术和历史，展示亚裔社区对加拿大多元化社会的贡献。此时发生这种针对不会讲英语人士的歧视和排斥，对加拿大华人社区而言，就像在百年未愈的伤口上又撒了一把盐。

不知从何时开始，不会或不用英语不仅成了沟通的障碍，更变成了歧视和排斥的依据。

今年三月，依然春寒料峭。在列治文的一家甜点店，店内场景更是严冬刺骨。一位白人男子对着华人店员，进行种族主义咆哮，“你是加拿大人还是中国人？如果你说你是中国人，那就滚回到中国去。”

事情的起因，就是这名男子对这家甜点店的中文标牌提出异议，并指责店家菜单上没有足够的英语。

还是这名白人男子，去年夏天，他在列治文轻轨车站，对几个正在候车时用汉语聊天的华裔女子叫嚣，“在加拿大，要讲英语。”

这名男子的言行举止，被路人手机摄录下来，经媒体曝光，并引起列治文皇家骑警的注意，展开调查。

英语和法语固然是加拿大的两种官方语言。而在很多非官方场合，比如餐馆、公共汽车、学校或者私人聚会等，你会听到许多其他非官方语言。事实上，有 200 多种世界各地的语言在加拿大流行使用，包括各种中文和方言。同时，加拿大还有 60 种原住民语言。

加拿大就是这样一个语言多元并且包容的国家，对不会或不讲英语的歧视是完全不能被接受的。

如果正如那位白人男子所言，到加拿大就应该讲加拿大语的话，那他最应该讲的，就是加拿大原住民的语言。而恰恰相反的是，当年欧洲白人到北美殖民，大肆推行欧洲至上、白人至上的种族歧视政策，通过寄宿学校，就是旨在消除、灭绝原住民的文化和语言。据估计，在 1880-1996 年加拿大原住民寄宿学校运作期间，大约有 15 万至 20 万名原住民儿童被收容在 130 多所政府和教会开办的寄宿学校中，其中死亡 6,000 多人，还有很多儿童莫名失踪。这无疑在加拿大历史上是黑暗的一页。

其实，白人至上的种族歧视，并不只是局限于针对非英语语种的歧视，更不会只是针对原住民社区。从加拿大历史上来看，对华人的种族歧视就包含了基于肤色差异，基于行为差异，和基于观点差异的三层歧视。

一百多年前，在种族主义盛行的年代，黑头发长辫子黄皮肤的华人，是明显的有色人种，与原住民处境相似，处于歧视链的最末端。1885 年，由超过 15,000 名华工先后参与修筑，其中 4,000 多名华工为之献身的加拿大太平洋铁路，在敲入最后一颗道钉的时候，加拿大联邦政府已经在酝酿通过华人移民法（Chinese Immigration Act 1885），即以“人头税”限制华人移民。1923年，更严苛的华人移民法（Chinese Immigration Act 1923）通过，全面禁止华人移民，所以又被称“排华法案”。以人头税和排华法相结合，构成了加拿大历史上唯一一个针对特定族裔的充满种族歧视的联邦法案。

在当时，就连与华人恋爱结婚都是有罪的。华裔导演李嘉慈（Karin Lee）将加拿大女子维尔玛.德默森（Velma Demerson）（1920-2019）传奇而坎坷的一生搬上了银屏，纪录片《不可救药（Incorrigible）》就是纪录了主人公维尔玛，曾因在十八岁时爱上一位华裔青年而坐牢、被剥夺国籍，但毕生不断抗争，最终正义得直的故事。纪录片在2022年上映后，导演李嘉慈对媒体说，维尔玛的故事今天依然具有现实意义。

确实，基于肤色的歧视渐渐地为人所不齿，被社会公义所不容。但种族主义者就像病毒变异，更似“白骨精”变身，于是，基于行为差异的歧视随之出现。所谓不看冰球的，不够加拿大人；不讲英文的，不够加拿大人；不去酒吧的，不够加拿大人。到后来，戴不戴口罩、打不打疫苗、做不做变性手术，去没去北京旅游，有没有跟北京的官员合影，都可以成为被歧视的起因。

更加离谱的是，基于个人观点和意见等意识形态不同的歧视，近年来越来越盛行。俄乌战争、专制政权、外国干涉等等政治性议题，都可以成为非友即敌，区别对待的依据。其中，最为喧嚣尘上的就是麦卡锡主义的借尸还魂，值中美地缘政治博弈之际，以反外国干涉国家安全为名，对与中国大陆有各种联系的华人社区，进行子虚乌有，含沙射影的歧视性攻击。可悲的是，充当这种歧视攻击急先锋的，居然是自以为被“漂白”的会讲英文，恰恰又是祖上是讲中文的那一些人。

所以，这一百多年来，各式各样的种族歧视和排斥，就像加拿大的一个陈年旧伤，难以痊愈，伤口还不时化脓发臭。

由此可见，治愈歧视和排斥的最佳良药不是时间，而是包容。无可否认，加拿大对多元，包容和平等的倡导和重视，也是有目共睹。从《加拿大权利与自由宪章》，到多元文化政策，再到反种族歧视策略，专门为各种各样的歧视开出了一道道药方，针对形形色色的排斥设立了一道道堤防。

再过几天，就是7月1日加拿大的国庆节。而2023年的国庆节注定是与众不同的。

一百年前的7月1日，加拿大《1923年排华法》正式出台，标志着加拿大对华人的种族歧视达到了最高峰。一百年后的7月1日，万众期待的加拿大首家官方“华裔博物馆”将正式揭幕，显示了加拿大重归包容新里程的开始。

打开“华裔博物馆”官网，你会注意到所有的文字说明都是由英文、中文简体和中文繁体共同组成。可以预见，未来位于温哥华唐人街“永生大楼”的博物馆展览，也会同时用中文简体和繁体与英文并存的方式呈现。

这种多语种并存确实体现了文化包容与多元性，传达了对不同文化背景参观者的尊重和包容。华人移民在加拿大社会中的比例逐渐增加，中文是他们的母语之一。提供多语言说明，特别是中文，可以帮助华人移民更好地理解和参与到展览内容中，促进他们的文化认同和参与感。

同样，此举也促进了社会融合与参与。提供中文简体字和繁体字的说明，可以帮助来自不同文化背景的华人移民，减轻在文化交流和理解上的障碍，增加他们参与社会活动和文化场所的意愿。这有助于促进社会融合，更让华人移民感受到被尊重和包容的重要信息。

子曰，君子坦荡荡，小人长戚戚。圣经中也讲到，爱是包容。所以，一个充满爱的多元化的加拿大，“国语”就应该叫包容。

（原文发表在《高度周刊》2023 年 9 月，本文有修订）

云城——通往亚洲的门户。

www.ingramcontent.com/pod-product-compliance
Lightning Source LLC
Chambersburg PA
CBHW031303120726
47906CB00003B/864

9781068848537